KiWi
1947

DAS BUCH

Mailand oder Madrid … Hauptsache Italien! Andy Möller wollte gar keine Frage stellen, aber – hat er den Satz überhaupt gesagt? Und gibt es eigentlich einen Titel, den er (als Fußballer) nicht gewonnen hat? Und wohin wechselte er denn am Ende wirklich?

Woche für Woche fiebern Zehntausende Fans dem Fußballquiz auf spiegel.de entgegen – nicht unbedingt, weil es das schwierigste wäre, sondern weil es das cleverste ist. Das mit den ausgefallenen Fragen, den besonderen Fakten und den spannenden Geschichten.

Pünktlich zur »Heim-EM« stellt Marco Fuchs die 150 besten Fragen zusammen, in zehn Kategorien und drei Schwierigkeitsstufen. Perfekt geeignet fürs entspannte Rätseln in der Halbzeitpause oder am Küchentisch, aber auch für den Quizabend zur gemeinsamen Einstimmung auf den Fußballsommer 2024!

DER AUTOR

Marco Fuchs, geboren 1974, ist seit mehr als 20 Jahren journalistisch tätig, u. a. als Redaktionsleiter, Buchautor und freier Journalist. Seit April 2017 arbeitet er im Sportressort des SPIEGEL mit Schwerpunkt Fußball. Neben Analysen und Interviews gehört seine Leidenschaft den Kuriositäten und Historischem. Seit 2019 erstellt er das wöchentlich auf spiegel.de erscheinende Fußballquiz.

MARCO FUCHS

MAILAND ODER MADRID?

DAS GROSSE SPIEGEL-FUSSBALLQUIZ

Kiepenheuer & Witsch

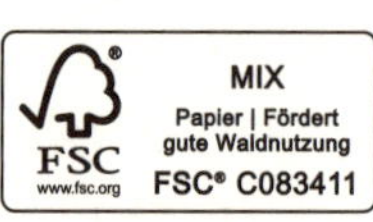

1. Auflage 2024

Covergestaltung: Barbara Thoben, Köln
Covermotiv: © Depositphotos; Wirestock, Inc. / Alamy Stock Foto; Shaun Botterill / Allsport: 26. Juni 1996: Andreas Möller verwandelt den entscheidenden Elfmeter und bringt damit die Deutsche Mannschaft ins Finale der Europameisterschaft.
Gesetzt aus der Miller Text und der URW DIN
Satz: Wilhelm Vornehm, München
Druck und Bindung: CPI books GmbH, Leck

ISBN 978-3-462-00639-1

Liebe Leser und Leserinnen,

die gute Nachricht vorweg: Nichts, was in diesem Buch steht, muss Ihnen wichtig sein. Sie können keine der 150 Lösungen kennen und dennoch mit einem prallen Allgemeinwissen durchs Leben gehen. Ich würde sogar behaupten: Sollten Sie alle 150 Lösungen parat haben, darf man Sie getrost einen wunderlichen Menschen nennen. Das Tolle: Es ist alles nur ein Spiel, ein Suchen nach Informationen und abwegigen Dingen, die man irgendwo im Hinterkopf abgespeichert hat: eine seltsame Anekdote aus den Achtzigern, eine absurde Statistik aus den Neunzigern, Angelesenes und Aufgeschnapptes, Hergeleitetes und Geratenes. Genau das macht aber den Reiz aus. Wenn nichts wirklich wichtig ist, kann man sich entspannt auf das Vergnügen einlassen. Ein Versagen gibt es nicht, nur (gemeinsames) Wissen und Suchen. Diesem Reiz geben sich Woche für Woche und das schon seit vielen Jahren Zehntausende Mitspieler beim SPIEGEL-Fußballquiz hin. Zu schwer! Zu leicht! Wer soll das denn wissen?! Bei jeder Ausgabe gibt es entrüstete und begeisterte Rückmeldungen von Lesern und Leserinnen, Fußballjournalisten und -journalistinnen, per Mail oder in den sozialen Medien. Manche schicken am Jahresende eine liebevoll ausgefüllte Tabelle mit ihren Durchschnittspunkten, andere senden Links zu Podcasts, in denen Fragen aus dem Quiz besprochen werden. Der Enthusiasmus bleibt, nur die Form ändert sich. Dieses Buch soll Ihnen ebenso viel Spaß bereiten wie denjenigen, die es regelmäßig online spielen. Und so ganz nebenbei soll es Sie auch noch auf die anstehende Heim-EM in Deutschland einstimmen, mit Zahlen und Fakten zum Mitreden. Viel Vergnügen!

Ihr Marco Fuchs

SPIELIDEEN

Der Einzelkämpfer

Möchten Sie das Quiz allein spielen, dann benötigen Sie eine Uhr, einen Stift und einen Notizzettel. Los geht's – Sie haben 60 Sekunden pro Aufgabe. Wenn Sie bis dahin keine Antwort gefunden haben, springen Sie zur nächsten Frage.

Es gibt drei Schwierigkeitsgrade: leicht, mittel und schwer. Für eine richtige Antwort notieren Sie sich einen Punkt (ein Ball, leicht), zwei Punkte (zwei Bälle, mittel) beziehungsweise drei Punkte (drei Bälle, schwer).

In jedem der zehn Themengebiete gibt es 15 Fragen, je fünf für jeden Schwierigkeitsgrad. Sie können pro Themengebiet maximal 30 Punkte sammeln.

Erzielen Sie 22–30 Punkte, dann ist das ein hervorragendes Ergebnis, 13–21 sind zufriedenstellend, bei weniger dürfen Sie sich mit einem »Wieder viel gelernt!« trösten.

Das 40-Punkte-Quiz

Dies können Sie zu zweit oder mit mehreren Personen spielen.

Reihum darf sich jeder Mitspieler eine Kategorie und einen Schwierigkeitsgrad aussuchen, zum Beispiel »Die EM 2024, mittel«. Der Spielleiter (oder wenn Sie keinen bestimmen, der Spieler rechts daneben) stellt die entsprechende Frage in diesem Themengebiet. Ein Ball als Schwierigkeitsgrad gibt einen Punkt, zwei Bälle zwei Punkte, drei Bälle drei Punkte.

Wird die Frage richtig beantwortet, notiert sich der Mitspieler die entsprechende Punktzahl. Dann ist der nächste Mitspieler an der Reihe. Wer als Erster 40 Punkte erreicht hat, gewinnt. Selbstverständlich können Sie das Quiz auch mit einer Zielmarke von 20, 30 oder 50 Punkten spielen.

Die Pubquiz-Variante

Hier bietet es sich an, einen Spielleiter zu bestimmen. Der Rest der Mitspielenden teilt sich in Zweier- oder Dreierteams auf.

Der Spielleiter sucht sich nun aus jedem Themengebiet eine leichte (ein Ball), eine mittlere (zwei Bälle) und eine schwere Frage (drei Bälle) aus und stellt sie in die Runde.

Die Teams beraten nun leise für sich und notieren die Antwort der Gruppe auf einem Lösungszettel. Nach fünf Themengebieten dürfen die Gruppen noch einmal drei Minuten ihre Antworten diskutieren, bevor sie ihre Lösungen einreichen.

Nach einer kleinen Pause geht es im gleichen Modus mit Teil zwei weiter.

In dieser Variante können die Teams maximal 60 Punkte erreichen. Bei Punktegleichstand sucht sich der Spielleiter eine oder notfalls mehrere Entscheidungsfragen zur Ermittlung des Gewinners aus.

Schwierigkeitsgrad:

⚽ Leicht

⚽⚽ Mittel

⚽⚽⚽ Schwer

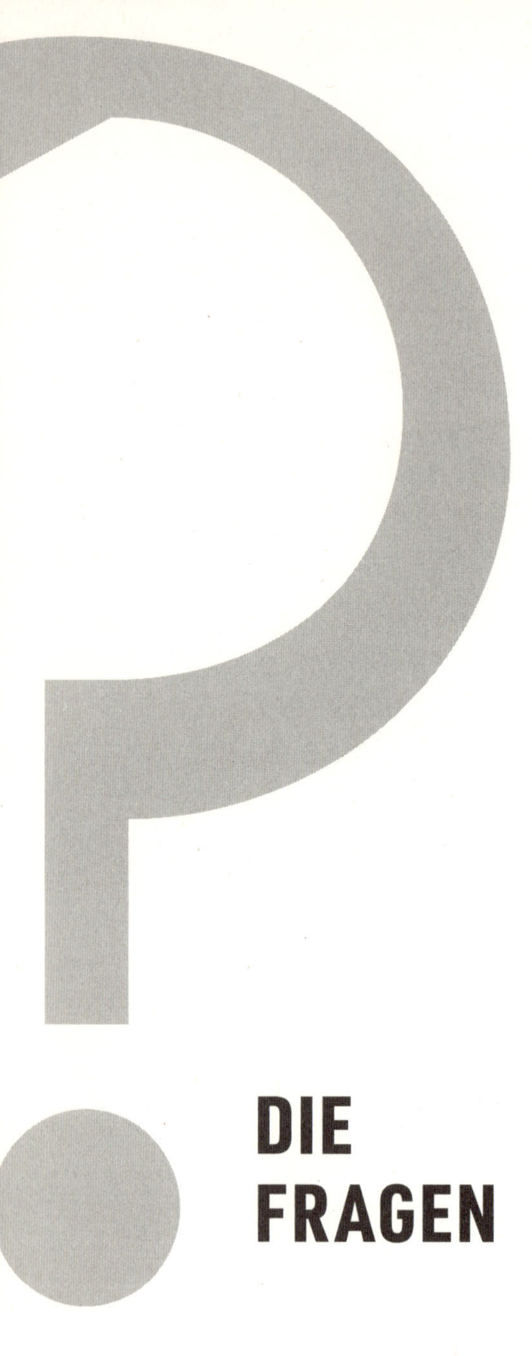

DIE FRAGEN

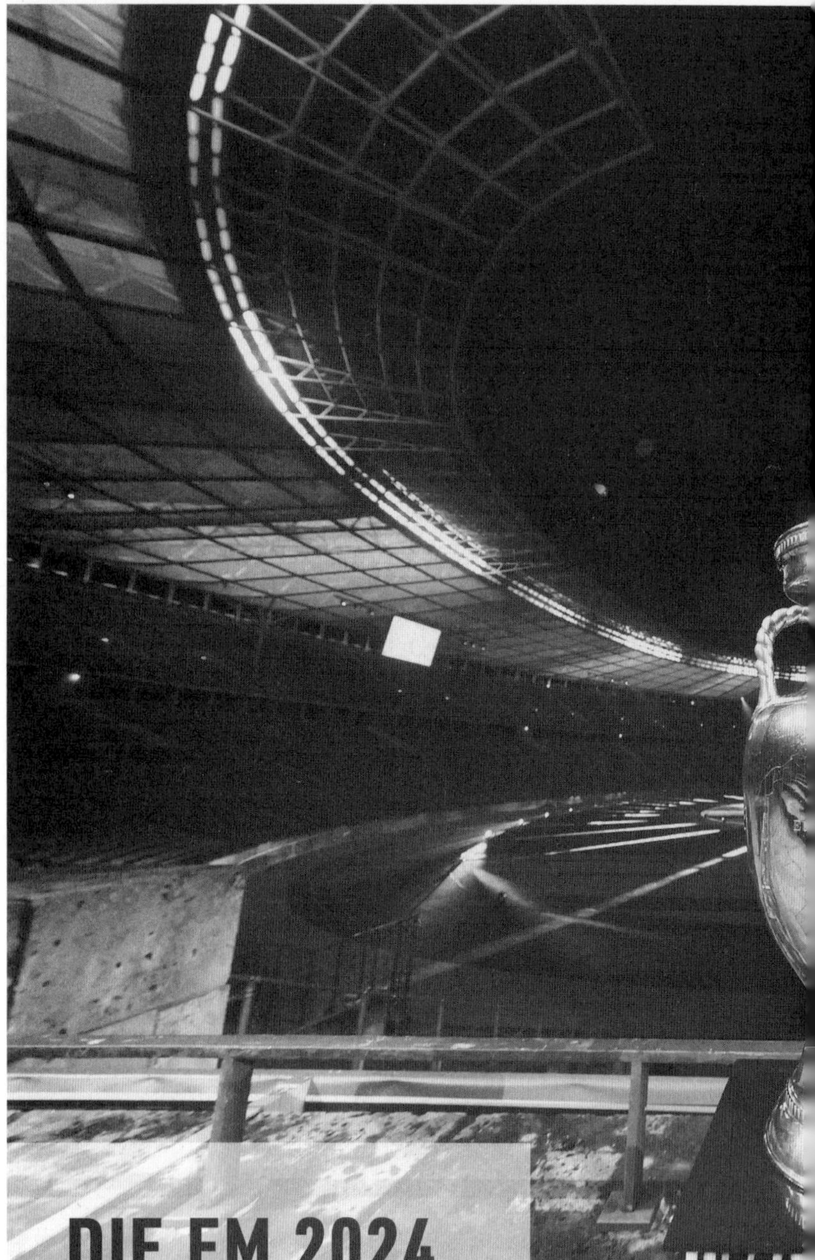

DIE EM 2024

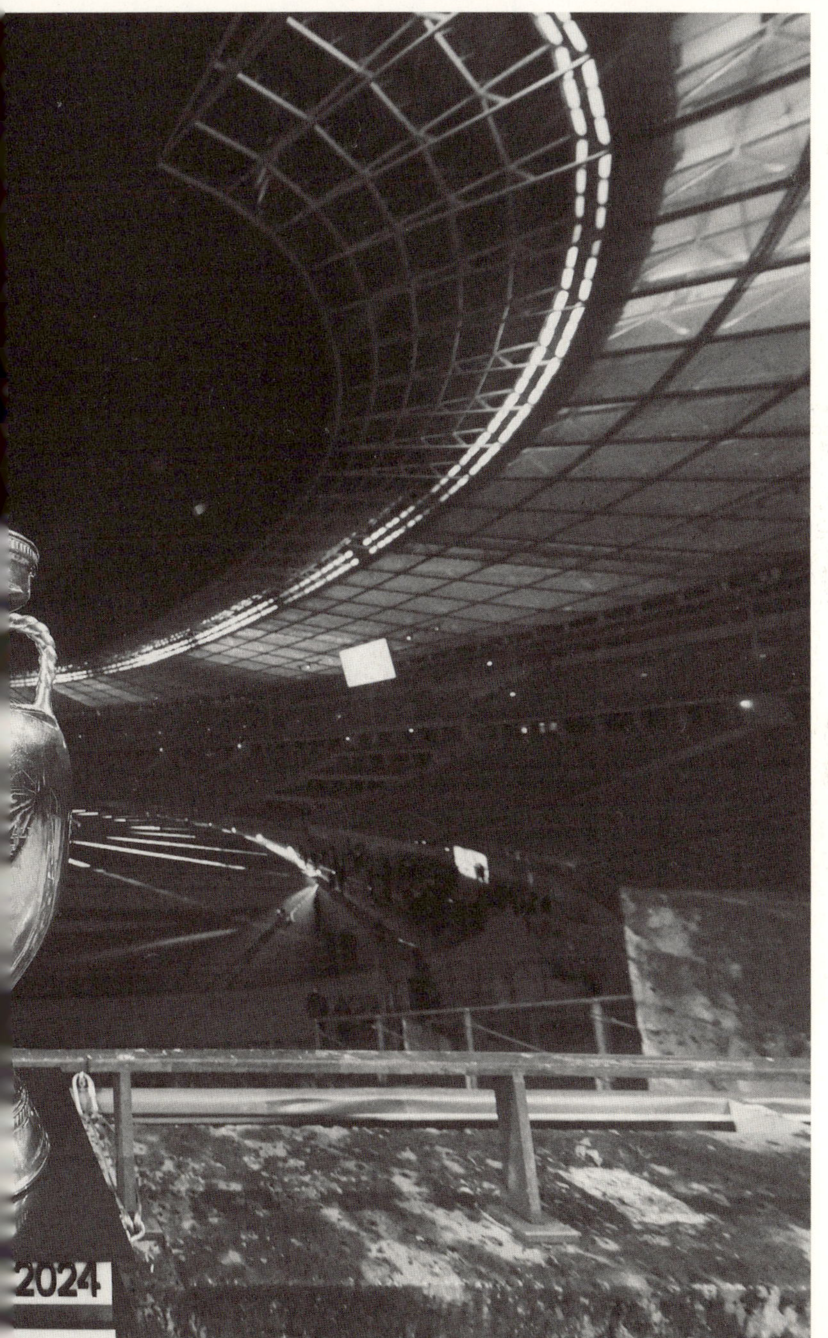
2024

1 **Wie heißt das Maskottchen der EM 2024 in Deutschland?**

a Albärt
b Bärnardo
c Herzi von Bär

2 **Gegen wen setzte sich Deutschland bei der Bewerbung um die EM 2024 durch?**

a Luxemburg
b Malta
c Türkei

3 **Wo findet das Finale der EM 2024 statt?**

a Berlin
b Frankfurt
c Leipzig

4 **Welches Land holte sich 1992 als Nachrücker für das kurzfristig ausgeschlossene Jugoslawien den EM-Titel?**

a Dänemark
b Island
c Norwegen

Wo wurden im Dezember 2023 die Gruppen für die EM 2024 ausgelost? **5**

Autostadt, Wolfsburg **a**

Elbphilharmonie, Hamburg **b**

Nikolaikirche, Leipzig **c**

Im EM-Finale 1992 zwischen Deutschland und Dänemark wechselte Bundestrainer Berti Vogts zwei Spieler ein, die ihre ersten Länderspiele noch für die DDR absolviert hatten. Wer waren die beiden? **6**

Thomas Doll und Andreas Thom **a**

Bernd Hobsch und Matthias Sammer **b**

Toni Kroos und Dirk Schuster **c**

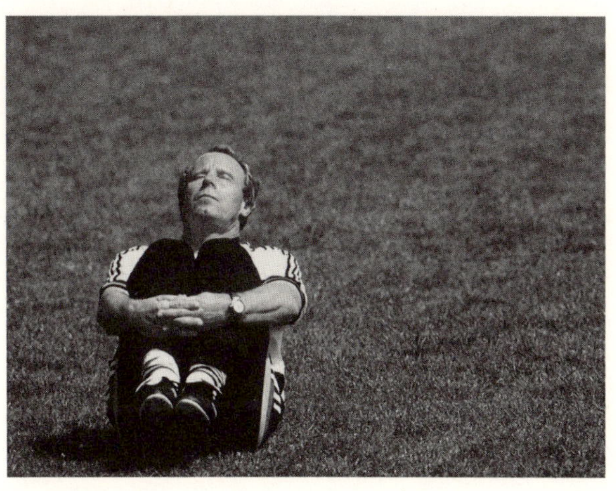

7 Erst einmal ist eine DFB-Elf in der Qualifikation für ein großes Turnier gescheitert. Welches war das?

a EM 1968

b EM 1980

c EM 1984

8 Deutschland ist eine von zwei Nationen, die dreimal Europameister werden konnte. Wer ist die andere?

a Frankreich

b Italien

c Spanien

9 Beim EM-Titelgewinn 1972 war Franz Beckenbauer Kapitän. 1996 nahm Jürgen Klinsmann als Erster den Pokal entgegen. Wer war aber Kapitän beim Erfolg 1980?

a Andreas Brehme

b Bernard Dietz

c Pierre Littbarski

Was wurde bei der EM 1992 in Schweden eingeführt? **10**

Nachnamen auf den Trikots der Spieler **a**

Der vierte Offizielle **b**

Balljungenpflicht **c**

Wie der Vater, so der Sohn: Bei der EM 2021 erzielte ein italienischer Spieler einen Treffer, dessen Vater bereits bei der EM 1996 zu den Torschützen gehörte. Welchen Sohn suchen wir? **11**

Federico Chiesa **a**

Manuel Locatelli **b**

Gianluca Mancini **c**

Nur einer dieser drei Europameister konnte sich für die folgende WM qualifizieren – welcher? **12**

Dänemark 1992 **a**

Griechenland 2004 **b**

UdSSR 1964 **c**

13

1996 wurden die deutschen Männer zum bisher letzten Mal Europameister. Welche dieser drei Nationen war dabei kein Gegner in der Gruppenphase?

a Italien

b Kroatien

c Russland

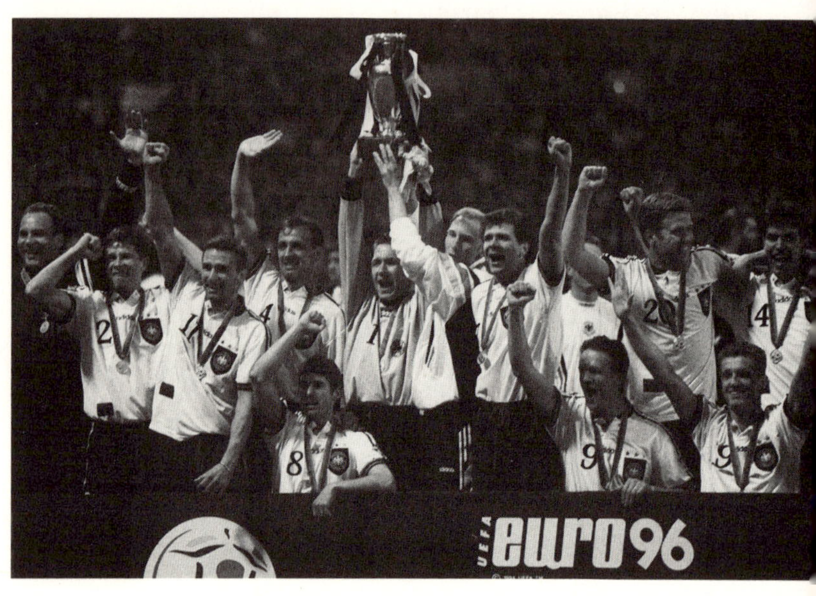

Welcher deutsche Schiedsrichter leitete das EM-Finale 2004? **14**

Herbert Fandel **a**
Lutz Michael Fröhlich **b**
Markus Merk **c**

Wie hieß das Maskottchen der bislang letzten deutschen Heim-EM 1988? **15**

Berni **a**
Franz **b**
Lupo **c**

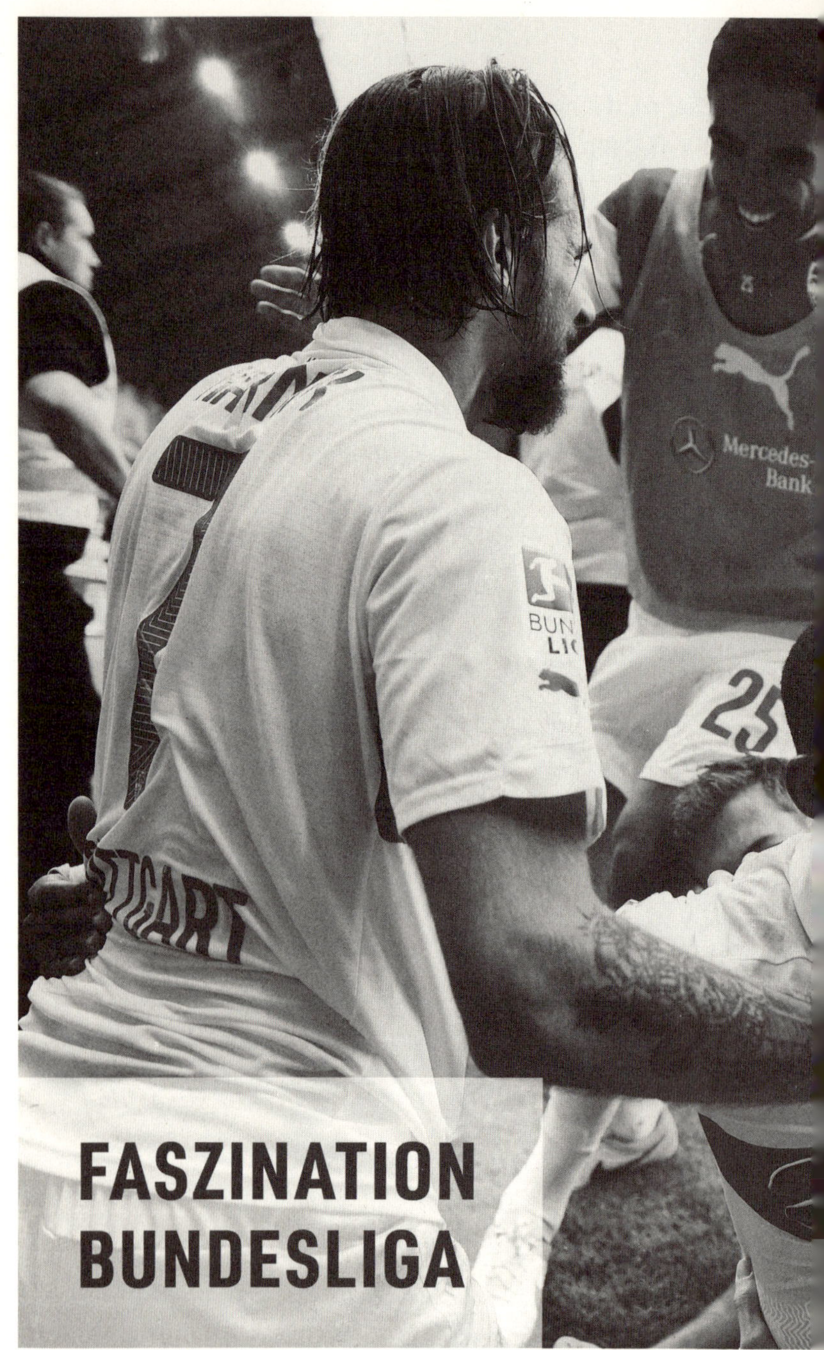

FASZINATION BUNDESLIGA

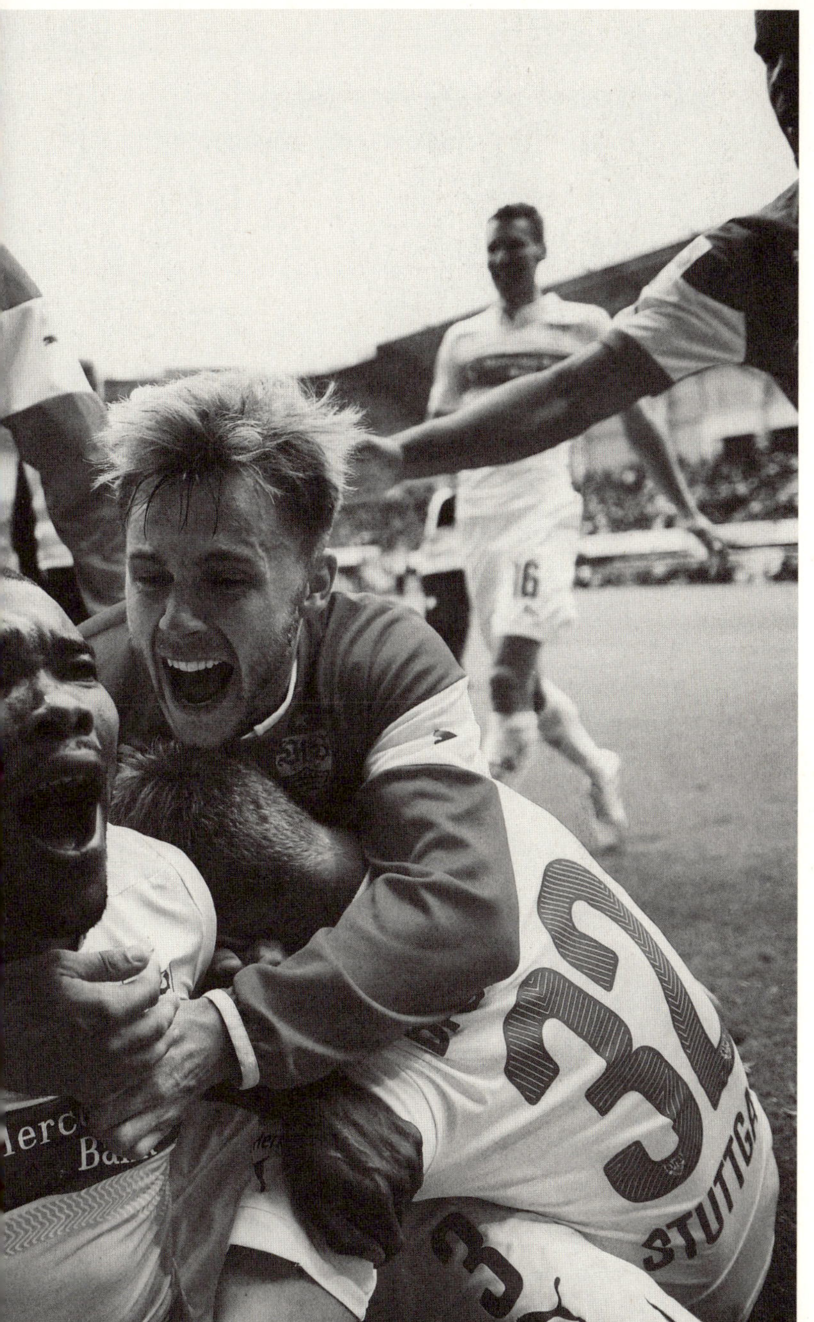
STUTTGA

16 **Wie hieß der erste ausländische Torschützenkönig der Bundesligageschichte?**

a Jörn Andersen

b Mats Pedersen

c Lars Gunnarsson

17 **Es ist eine der berühmtesten Szenen der Bundesligageschichte: 1969 wurde der Schalker Spieler Friedel Rausch während des Revierderbys bei Borussia Dortmund von einem Polizeihund in den Hintern gebissen. Wie hieß der Übeltäter?**

a Blondie

b Lassie

c Rex

18 **Mit 602 Einsätzen ist Karl-Heinz »Charly« Körbel der Rekordspieler der Bundesliga. Alle Partien bestritt er für nur einen Klub – welchen?**

a MSV Duisburg

b Eintracht Frankfurt

c RB Leipzig

19

1950 erhielt der 1. FC Köln zu Karneval einen Geißbock geschenkt, der fortan als Maskottchen des Klubs wirken sollte. Wie hieß das Tier?

Hennes **a**

Tünnes **b**

Willy **c**

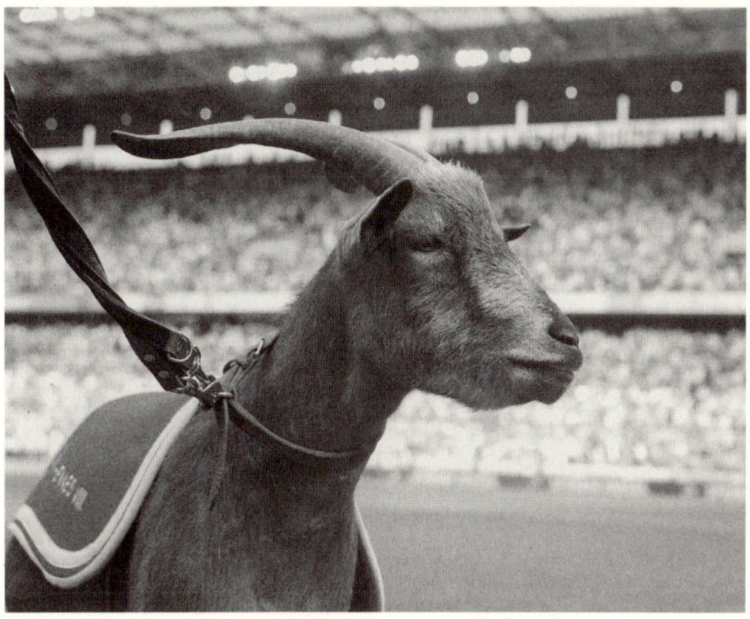

20 Dieser Schiedsrichter war eine der schillerndsten Figuren der Bundesliga. Wie hieß er?

a Wolf-Dieter Ahlenfelder

b Walter Eschweiler

c Markus Merk

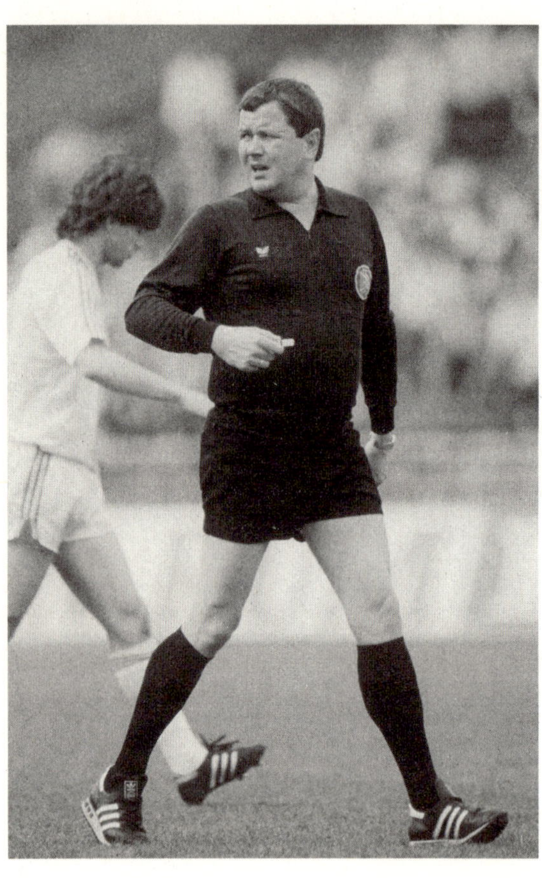

21

Der Zuschauerrekord der Bundesligageschichte wurde im Berliner Olympiastadion aufgestellt. Am 26. September 1969 wollten 88 075 Besucher ein Heimspiel von Hertha BSC sehen – wer war der Gegner?

Borussia Neunkirchen **a**
Hannover 96 **b**
1. FC Köln **c**

22

Bislang wurde noch nie ein Spieler Bundesliga-Torschützenkönig, der bei einem Absteiger spielte. Allerdings einmal einer, der mit seinem Klub RW Oberhausen auf dem 16. Platz landete. Wer war es?

Rudolf Brunnemeier **a**
Lothar Kobluhn **b**
Stefan Kuntz **c**

23

Wer hat als einziger Klub nur 30 Spiele in der Bundesliga absolviert?

FC Augsburg **a**
Preußen Münster **b**
Borussia Neunkirchen **c**

24

1987 schrieb Toni Schumacher eine Biografie mit Folgen: Er verlor seinen Platz im Tor der Nationalmannschaft und musste seinen Klub, den 1. FC Köln, verlassen. Wie hieß das Buch?

a Anpfiff

b Ansichten eines Clowns

c Geißbock und Jacketkronen

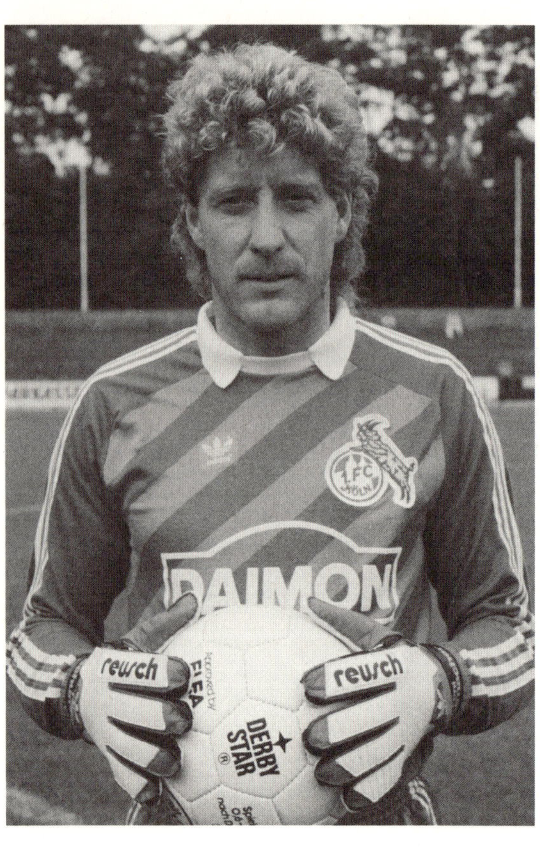

25

Welcher Trainer trat 1974 noch an seinem ersten Arbeitstag als Coach von Hertha BSC zurück?

Dettmar Cramer **a**
Ernst Happel **b**
Sepp Herberger **c**

26

Welcher der folgenden Klubs war kein Gründungsmitglied der Bundesliga?

Alemannia Aachen **a**
Eintracht Braunschweig **b**
Karlsruher SC **c**

27

Wer war der erste Bundesligaspieler, der wegen eines Verstoßes gegen die Dopingregeln gesperrt wurde?

Axel Kruse **a**
Pierre Littbarski **b**
Roland Wohlfarth **c**

28 Welche Entscheidung war 1990 bereits beschlossen und wurde nach dem Beitritt der ostdeutschen Länder nie umgesetzt?

a Reduzierung der Liga auf 16 Teams

b Statt in Hin- und Rückrunde sollten die Teams binnen einer Woche in Hin- und Rückspielen gegeneinander antreten.

c Nach der Hauptrunde sollte der Deutsche Meister in Halbfinal- und Finalspielen ermittelt werden.

29 Wie heißt der Profi, der als Einziger für sieben Bundesligaklubs einen Treffer erzielte?

a Holger Fach

b Markus Schupp

c Michael Spies

30

1977 hatte Franz Beckenbauer die Bayern Richtung New York verlassen, 1980 kehrte er zum Hamburger SV zurück. Was passierte bei seinem ersten Einsatz für den HSV?

Er war so überrascht von seiner Einwechslung zur zweiten Hälfte, dass das Spiel bereits 60 Sekunden lief, bis er spielbereit war. **a**

Gegner Bayern München schoss in den ersten 30 Minuten vier Tore. **b**

Er schoss nach nicht einmal zehn Minuten ein Eigentor. **c**

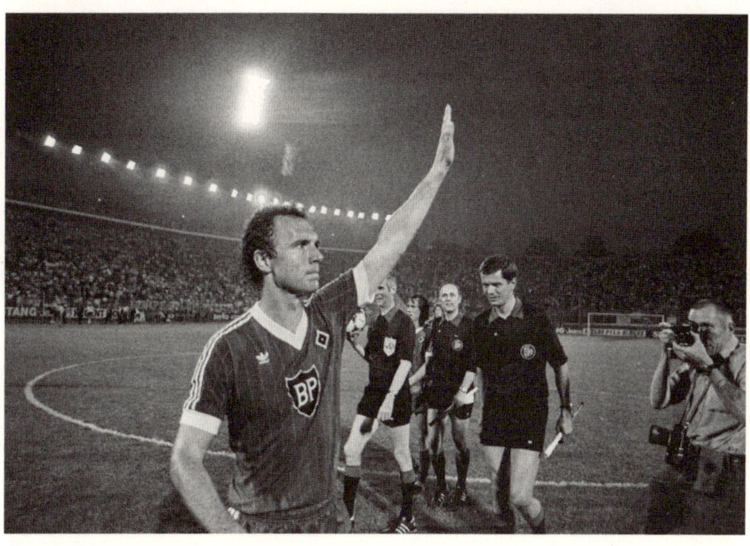

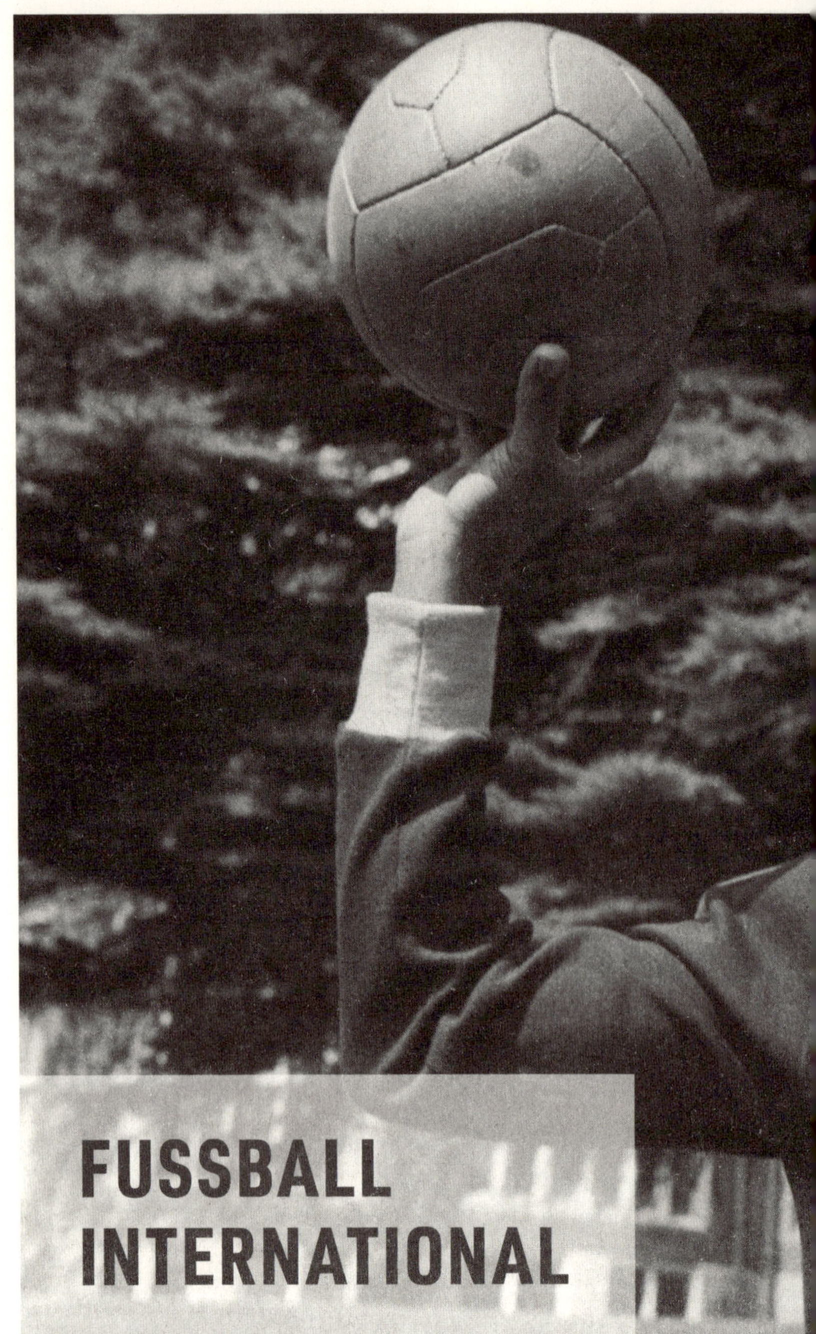

FUSSBALL INTERNATIONAL

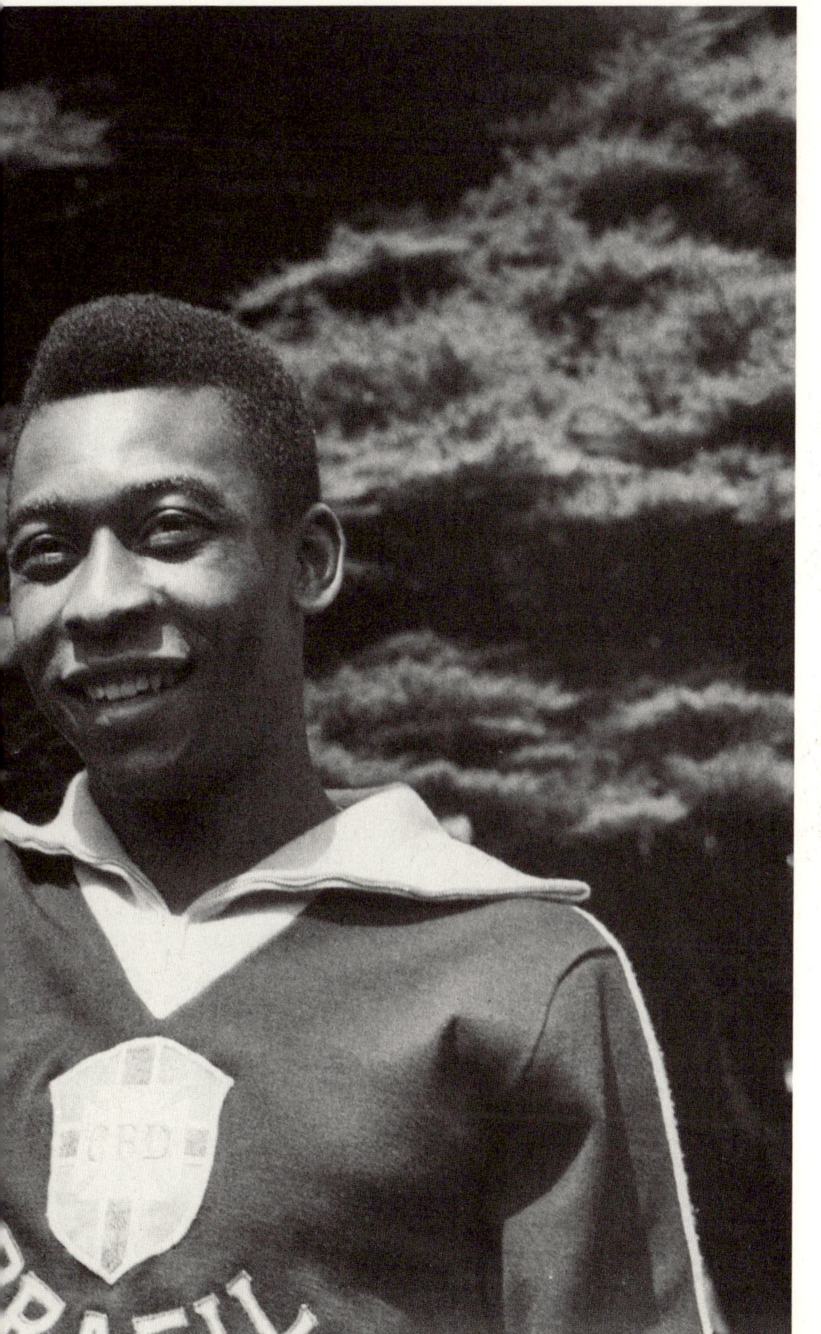
CBD

31 Wer ist der einzige Klub, der seit Gründung der Serie A ununterbrochen in der höchsten italienischen Liga spielt?

a Sampdoria Genua

b Inter Mailand

c AC Parma

32 Welcher Fußballstar brachte ein Buch heraus, in dem zahlreiche Witze über ihn gesammelt sind?

a Oliver Kahn

b Arjen Robben

c Francesco Totti

33 In welchem Land standen alle Klubs schon einmal im Pokalfinale?

a Belgien

b Kroatien

c Liechtenstein

In der Geschichte der italienischen Serie A gelang es nur einem Deutschen, Torschützenkönig zu werden – wer ist gesucht? 34

Oliver Bierhoff a
Lothar Matthäus b
Matthias Sammer c

»Mailand oder Madrid – Hauptsache Italien«. Diese Aussage wird Weltmeister Andreas Möller zugeschrieben und soll im Jahr 1992 gefallen sein. Aber wohin wechselte Möller denn dann tatsächlich zur Saison 1992 / 1993? 35

Juventus a
Manchester United b
Bayern München c

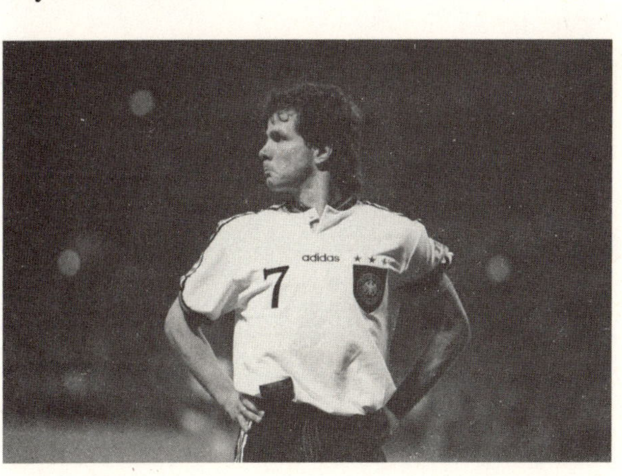

36 Pelé wurde dreimal mit Brasilien Weltmeister, das erste Mal 1958 als 17-Jähriger. Bei welchem Klub spielte einer der besten, wenn nicht der beste Fußballer der Geschichte von 1956 bis 1974?

a Flamengo
b Palmeiras
c FC Santos

37 Was war am Meistertitel 1998 des schwedischen Klubs AIK Solna so besonders?

a AIK erzielte die wenigsten Tore aller Teams.
b AIK trat aus Protest gegen eine Ligareform immer nur zu zehnt an.
c AIK musste alle seine Heimspiele in Norwegen bestreiten.

38 Welcher Klub wurde 2023 erstmals polnischer Meister?

a Jagiellonia Białystok
b Raków Częstochowa
c Miedź Legnica

39

Einmal war der FC Kilmarnock schottischer Meister, dreimal holte er den Pokal, zuletzt 1997. Spektakulärer als die sportliche Bilanz ist das Wappen des Klubs. Was ist darauf zu sehen?

Ein schottischer Ritter mit dem abgetrennten Arm eines englischen Aristokraten **a**

Zwei an einen Ball lehnende Eichhörnchen **b**

Eine Frau mit drei Köpfen, einer davon ein Fußball **c**

40

1983 war die Meisterschaft in Belgien gekauft. Den Sieg am 34. Spieltag gegen KSV Thor Waterschei ließ sich der Champion umgerechnet 11 000 Euro kosten. Wer war der Klub, der sich den Titel mit unlauteren Mitteln sicherte?

Royal Antwerpen **a**

Club Brügge **b**

Standard Lüttich **c**

41

Wessen Sohn spielte in der italienischen Serie A?

Ruhollah Chomeini **a**

Muammar al-Gaddafi **b**

Husni Mubarak **c**

42 Welche Seltenheit hat Hélder Costa, Ex-Angreifer des FC Valencia, hinbekommen?

a Er hat im zwölften Spiel in Folge getroffen, in dem er eingewechselt wurde.

b Er hat als Ersatzspieler einen Strafstoß verursacht, weil er bei einem Angriff des Gegners versehentlich auf den Platz lief.

c Er hat für zwei Nationen beim jeweiligen Länderspieldebüt getroffen.

43 Celtic oder Rangers, Rangers oder Celtic – seit mehr als 35 Jahren teilen die beiden Glasgower Vereine die Meisterschaft in Schottland unter sich auf. Wer war der letzte Klub, der 1985 die Meisterschaft in eine andere Stadt als Glasgow holen konnte?

a FC Aberdeen

b Dundee United

c Heart of Midlothian

44

Für welchen dieser Klubs hat Ronaldinho als Teenager einige Spiele in der U14-Mannschaft absolviert?

Royal Antwerpen a
Omonia Nikosia b
FC Sion c

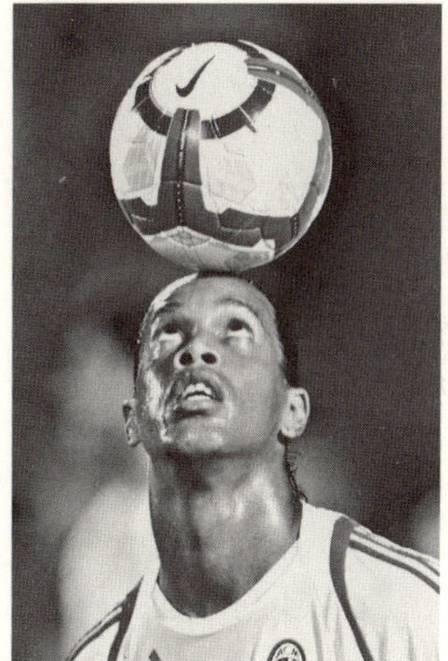

45

Francesco Janich war ein italienischer Abwehrspieler der alten Schule. Wie viele Serie-A-Partien bestritt er, ohne auch nur ein Tor zu erzielen?

295 a
345 b
425 c

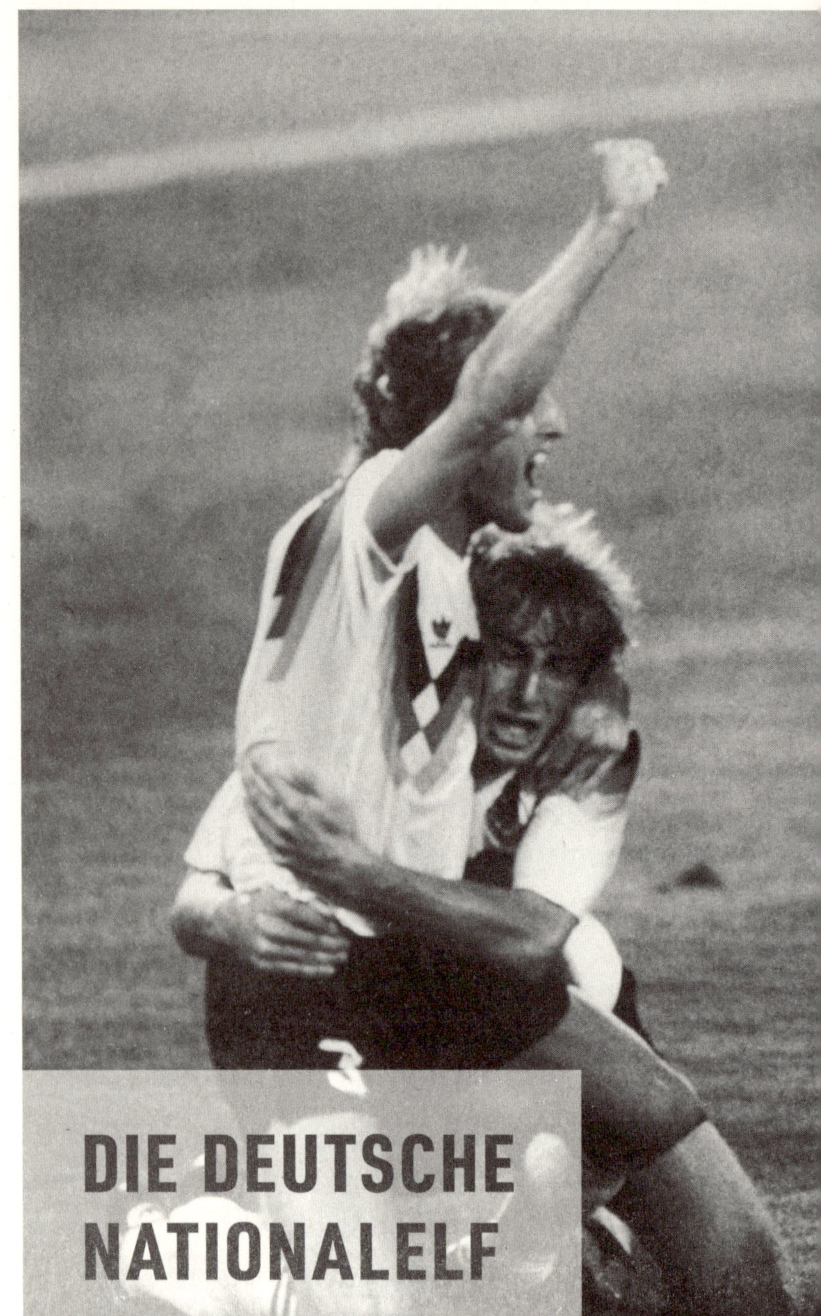

DIE DEUTSCHE NATIONALELF

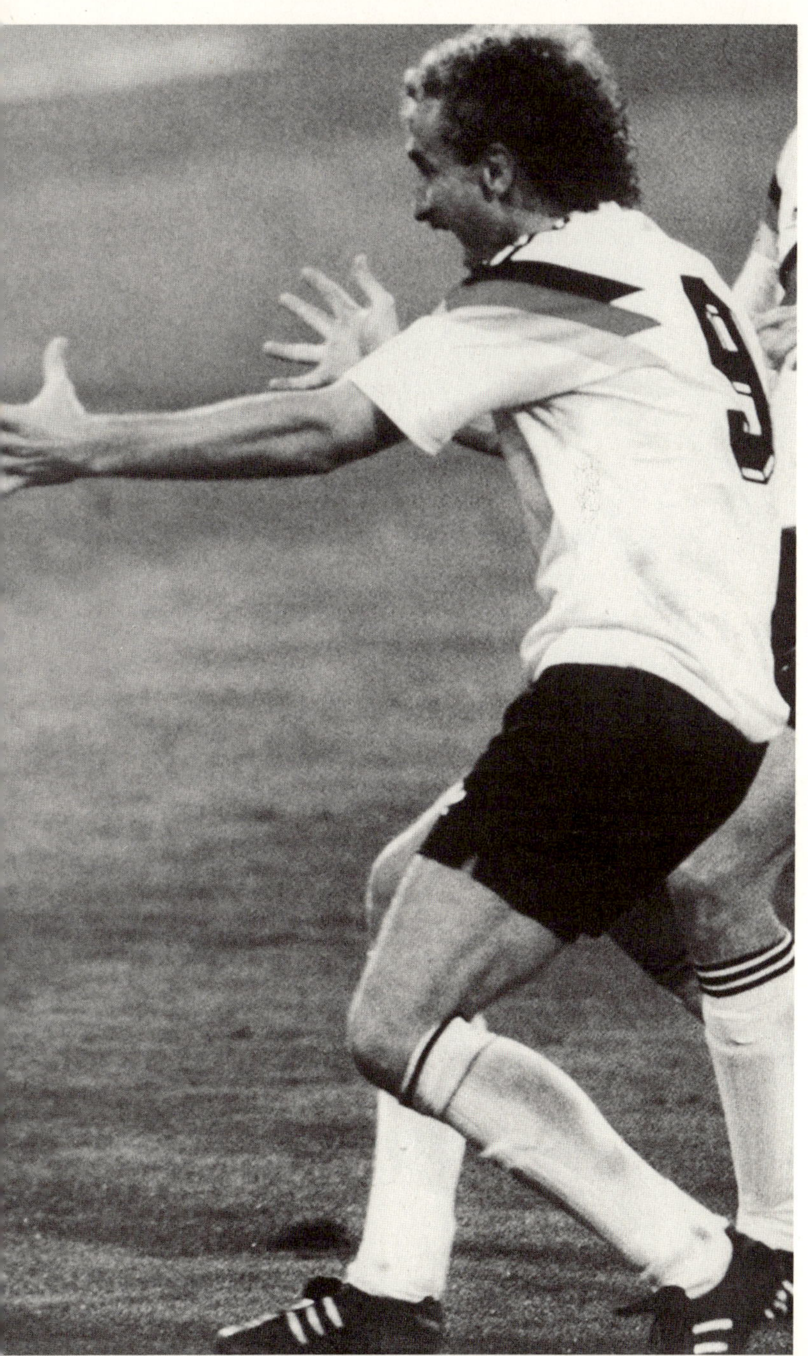

46 **Das Halbfinale 1982 zwischen Deutschland und Frankreich gilt als eines der größten Spiele der WM-Geschichte. Wer verwandelte den entscheidenden Elfmeter zum 8:7-Sieg der Deutschen?**

a Horst Hrubesch

b Ludwig Kögl

c Michael Rummenigge

47 **Miroslav Klose erzielte bei der WM 2002 fünf Tore. Welche Aussage dazu stimmt?**

a Er erzielte alle per Kopf.

b Er erzielte alle aus mehr als 25 Metern Entfernung.

c Er erzielte alle aus einer – übersehenen – Abseitsposition heraus.

48 **Welcher Weltmeister von 1974 musste erst die Staatsbürgerschaft wechseln, um den Titel mit Deutschland holen zu können?**

a Franz Beckenbauer

b Rainer Bonhof

c Sepp Maier

49

1954, 1974, 1990, 2014 – viermal wurde die deutsche Fußballnationalmannschaft Weltmeister. Dazu erreichte sie noch 1966, 1982, 1986 und 2002 das Finale und unterlag. Gegen welches Land traten die Deutschen gleich dreimal in einem Endspiel an?

Argentinien **a**

England **b**

Niederlande **c**

50

Bei der WM 1994 wurde Stefan Effenberg frühzeitig aus den USA nach Hause geschickt. Warum?

Er hatte ohne Erlaubnis des DFB an einer Delfin-Show teilgenommen. **a**

Er hatte den deutschen Fans den Mittelfinger gezeigt. **b**

Er hatte Bundestrainer Berti Vogts in einem Interview als »Gartenzwerg« bezeichnet. **c**

51 Im Oktober 2019 musste ein deutscher Spieler wegen einer Notbremse bereits in der 14. Minuten vom Platz. Wer kassierte im EM-Qualifikationsspiel in Estland die früheste Rote Karte der DFB-Geschichte in einem Länderspiel der A-Nationalmannschaft?

a Jérôme Boateng
b Mats Hummels
c Emre Can

52 Mit 18 Jahren und 27 Tagen wurde Jamal Musiala im März 2021 zum jüngsten deutschen Nationalspieler seit mehr als 65 Jahren. Wer war bei seinem Debüt im Oktober 1954 noch jünger?

a Albert Brülls
b Helmut Haller
c Uwe Seeler

53 Sepp Maier und Manuel Neuer sind zwei von drei Torhütern, die bei vier Weltmeisterschaften im deutschen Kader standen. Wer ist der dritte?

a Oliver Kahn
b Toni Schumacher
c Hans Tilkowski

54

Joachim Löw trainierte die deutsche Nationalmannschaft in 198 Partien. Gegen welche Nation verlor er dabei am häufigsten?

Argentinien a
England b
Frankreich c

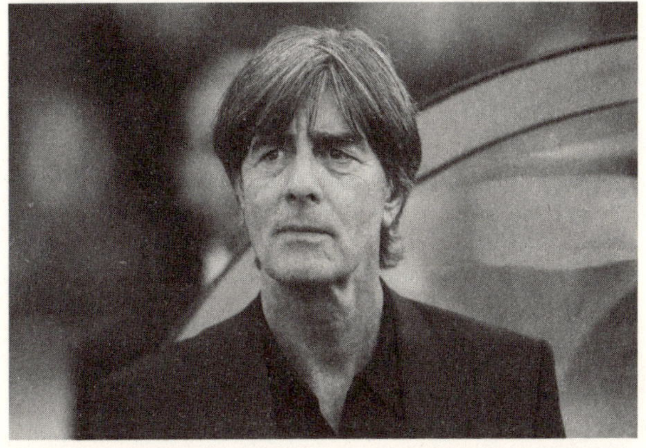

55

Wer war bis 1970 mit 71 Einsätzen im Nationaldress deutscher Rekordnationalspieler, bevor er von Uwe Seeler überholt wurde?

Horst Eckel a
Paul Janes b
Toni Turek c

56 Welcher deutsche Nationaltrainer hat im Schnitt die meisten Punkte pro Spiel geholt?

a Jupp Derwall

b Helmut Schön

c Berti Vogts

57 Wessen letztes Länderspiel als Nationaltrainer wurde nach 60 Minuten abgebrochen?

a Jupp Derwall

b Erich Ribbeck

c Helmut Schön

58 Weniger Länderspielminuten als er stand kein DFB-Nationalspieler jemals auf dem Platz. Wie heißt der Zwei-Minuten-Mann?

a Walter Kelsch

b Bernd Martin

c Martin Max

59

Welcher spätere DFB-Präsident war auch Nationalspieler?

Peco Bauwens **a**

Egidius Braun **b**

Hermann Neuberger **c**

60

Die Bender-Zwillinge Lars und Sven waren das zweite Zwillingspaar, das gemeinsam in der Nationalelf spielte. Wer war das erste?

Thomas und Klaus Allofs **a**

Bernd und Karlheinz Förster **b**

Erwin und Helmut Kremers **c**

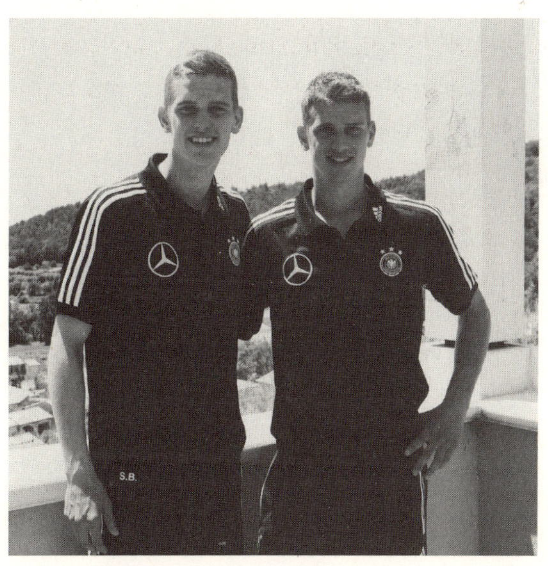

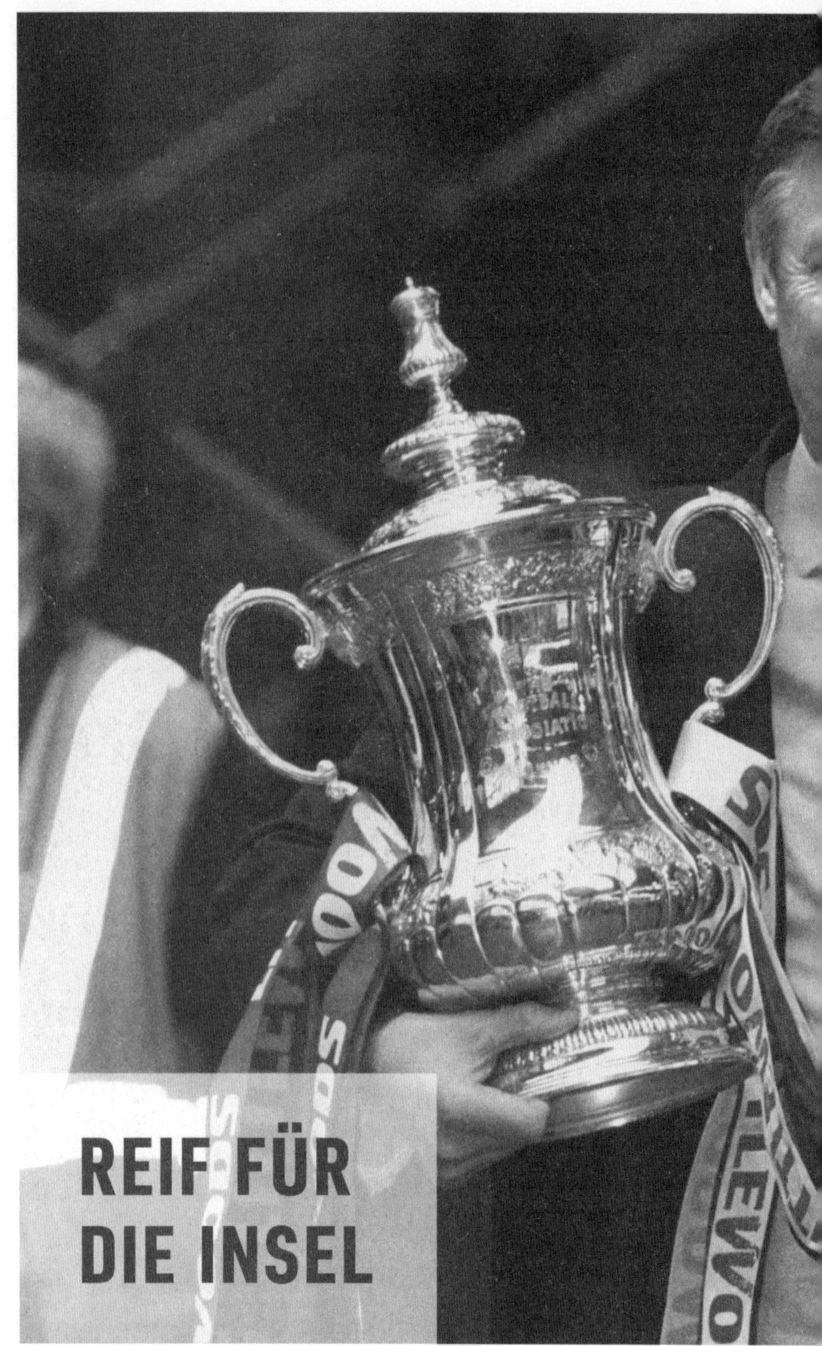

REIF FÜR DIE INSEL

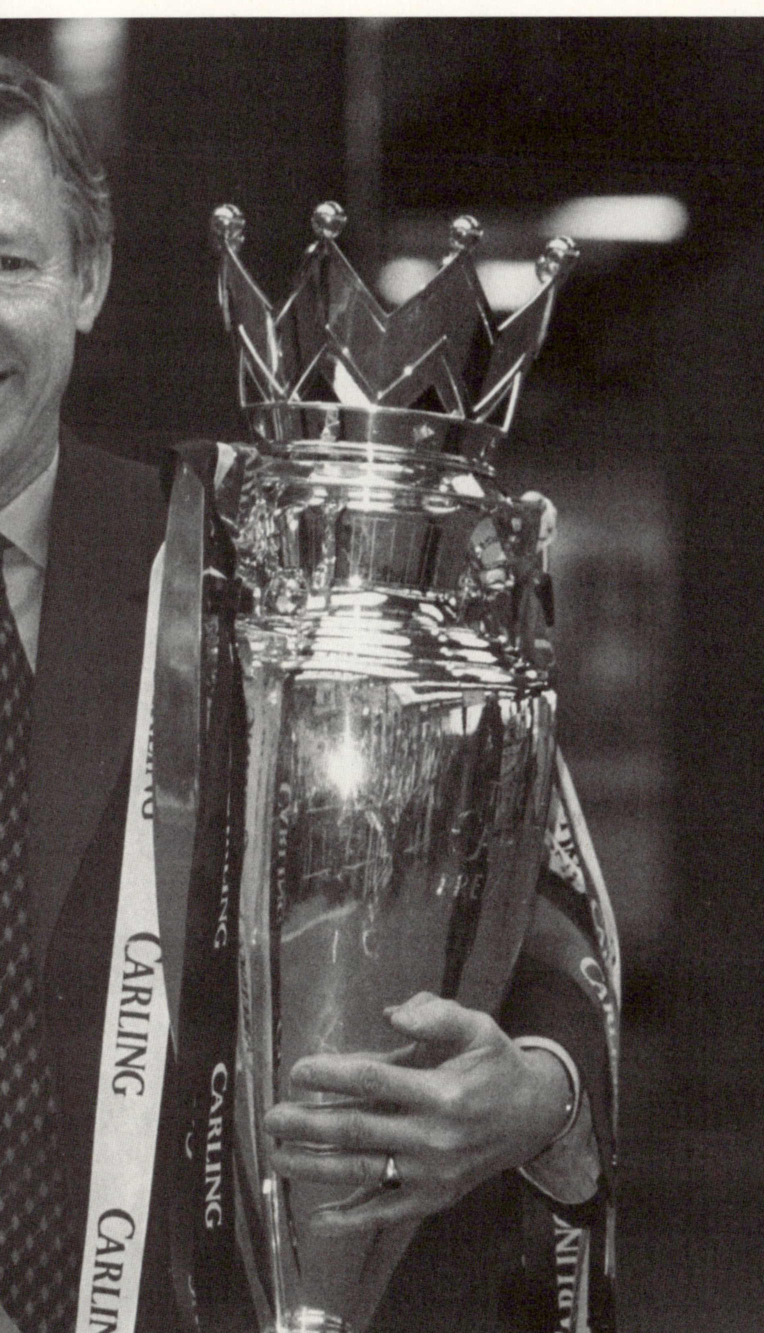
CARLING
CARLING
CARLING

61 **Sensationell wurde Leicester City 2016 Meister der Premier League. Welche Summe erhielt ein Wetter beim Anbieter Ladbrokes, der vor der Saison ein Pfund auf Leicester gesetzt hatte?**

a 10

b 500

c 5000

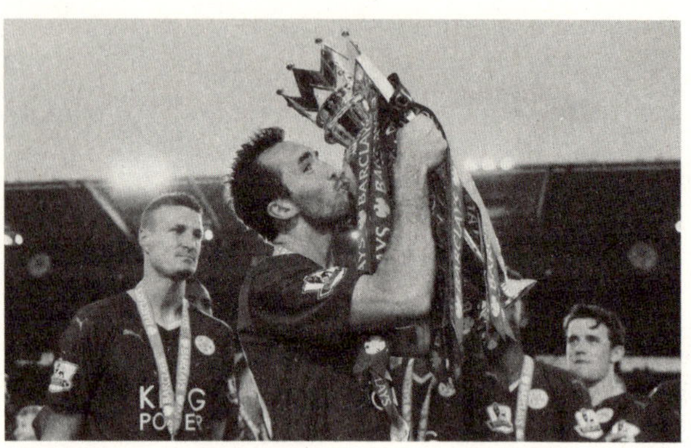

62 **Welchen Rekord stellte der FC Chelsea in der Saison 2021 / 2022 unter Trainer Thomas Tuchel auf?**

a Sie erzielten mehr als 80 Tore mit nur sechs verschiedenen Torschützen.

b Sie erzielten 21 Tore per Strafstoß.

c Sie lagen in 38 Spielen nie zur Halbzeit in Rückstand.

63

Welche Europameisterin von 2022 ist nach dem Turnier aus England in die Bundesliga gewechselt?

Laura Lindsay **a**
Georgia Stanway **b**
Terri Hallway **c**

64

Wer war beim FC Watford von Mitte der Siebziger- bis Anfang der Nullerjahre als Mäzen und lange Jahre auch als Präsident tätig?

Elton John **a**
Mick Jagger **b**
Ringo Starr **c**

65

Welcher Klub gewann häufiger den Europapokal der Landesmeister als den Meistertitel in England?

Manchester City **a**
Nottingham Forest **b**
FC Sunderland **c**

66 Welcher englische Klub hat die meisten Erstligasiege in der Regentschaft von Elizabeth II. eingefahren?

a FC Arsenal
b FC Liverpool
c Manchester United

67 Die Premier League wurde mit der Saison 1992 / 1993 eingeführt und löste die First Division als höchste Spielklasse ab. Wie viele englische Trainer konnten in den ersten 30 Jahren die Meisterschaft erringen?

a Null
b Drei
c Sechs

68 In welchem Klub-Logo kommt weder eine Zahl noch ein Buchstabe vor?

a Aston Villa
b Crystal Palace
c Wolverhampton Wanderers

69

Stefan Ortega wechselte im Sommer 2022 von Bundesligaabsteiger Arminia Bielefeld zu Manchester City. Vor ihm spielten bereits zwei deutsche Torhüter bei City: Bert Trautmann wurde zwischen 1949 und 1964 zur Klublegende, aber wer war der andere gesuchte Schlussmann?

Raimond Aumann **a**

Bodo Illgner **b**

Eike Immel **c**

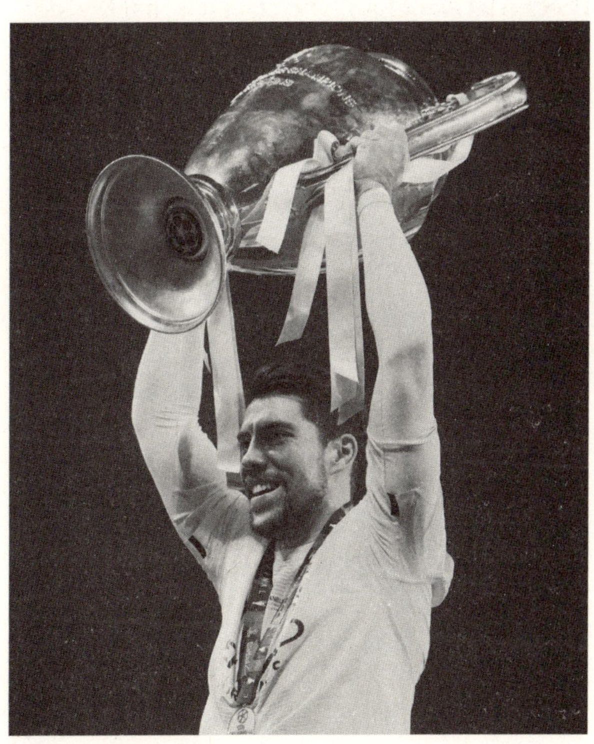

70 Von 1977 bis 1983 ging der Europapokal der Landesmeister sechsmal in Folge nach England. Welcher Klub gehörte nicht zu den Titelträgern?

a Aston Villa

b FC Liverpool

c Manchester United

71 Welche dieser Aussagen über Fußballklubs aus London ist wahr?

a Mit dem FC Arsenal konnte erst 1971 ein Klub aus London den Titel in die Hauptstadt holen.

b Jimmy Greaves konnte in den Fünfziger- und Sechzigerjahren mit fünf unterschiedlichen Londoner Klubs Torschützenkönig der höchsten englischen Liga werden.

c Mehr Londoner Klubs haben den Europapokal der Pokalsieger gewonnen als die Meisterschaft in England.

72 ⚽⚽⚽

Seit 1992 / 1993 heißt die höchste englische Liga Premier League, und in ihrer Geschichte musste erst einmal ein Team 100 Gegentore hinnehmen. Wer stellte in der Saison 1993 / 1994 diesen Minusrekord auf?

Ipswich Town **a**
Oldham Athletic **b**
Swindon Town **c**

73 ⚽⚽⚽

Manchester United gewann das Champions-League-Finale 1999 gegen den FC Bayern München durch späte Tore zweier Einwechselspieler. Für wen waren Teddy Sheringham und Ole Gunnar Solskjær aufs Feld gekommen?

David Beckham und Gary Neville **a**
Jesper Blomqvist und Andy Cole **b**
Nicky Butt und Dwight Yorke **c**

74 Bei der Begegnung zwischen West Ham United und Newcastle United erzielte West Hams Verteidiger Alvin Martin 1986 einen Hattrick. Was war an diesem so besonders?

a Bei jedem Treffer stand ein anderer Torhüter im Kasten.

b Er verschoss zudem einen Strafstoß, erzielte ein Eigentor und flog vom Platz.

c Es waren die einzigen drei Treffer Martins in mehr als 200 Erstligaspielen.

75 1997 waren David Beckham und Spice Girl Victoria das aufregendste junge Promipaar Großbritanniens. Heirat und die Geburt ihrer vier Kinder standen noch aus, aber die beiden waren bereits stolze Besitzer zweier Hunde mit ebenfalls prominenten Namen. Wie hießen sie?

a Dre und Jay

b Puffy und Snoop

c Tupac und Biggie

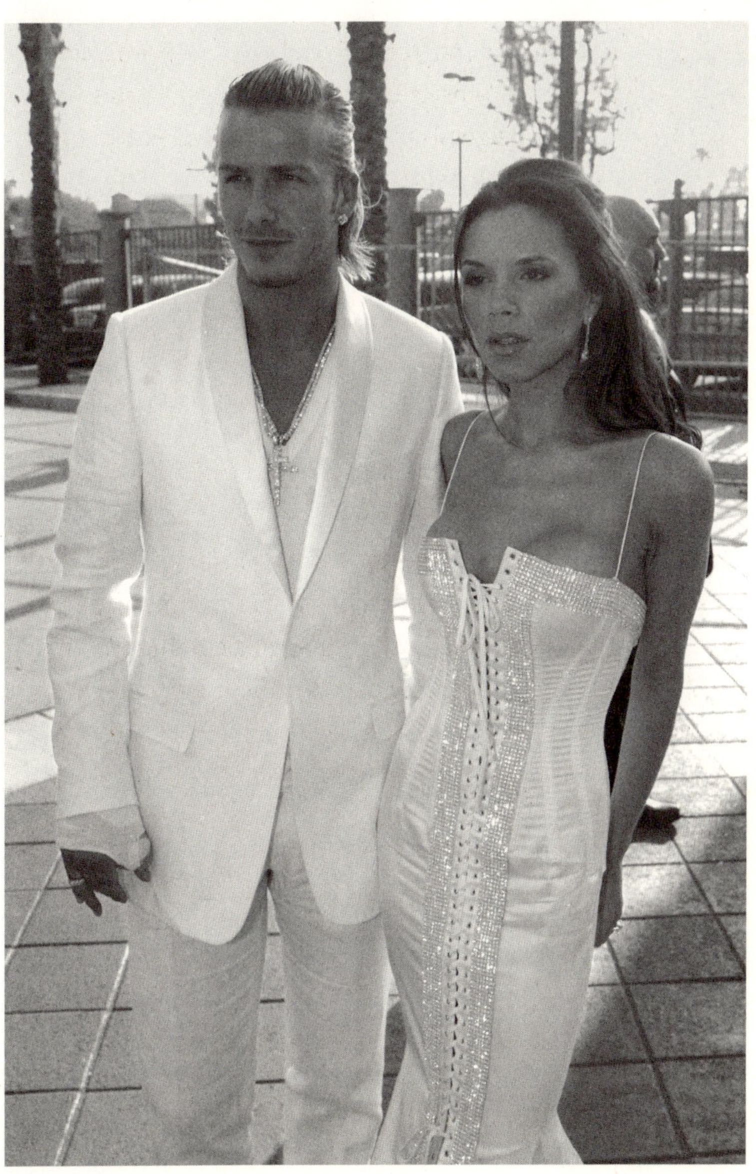

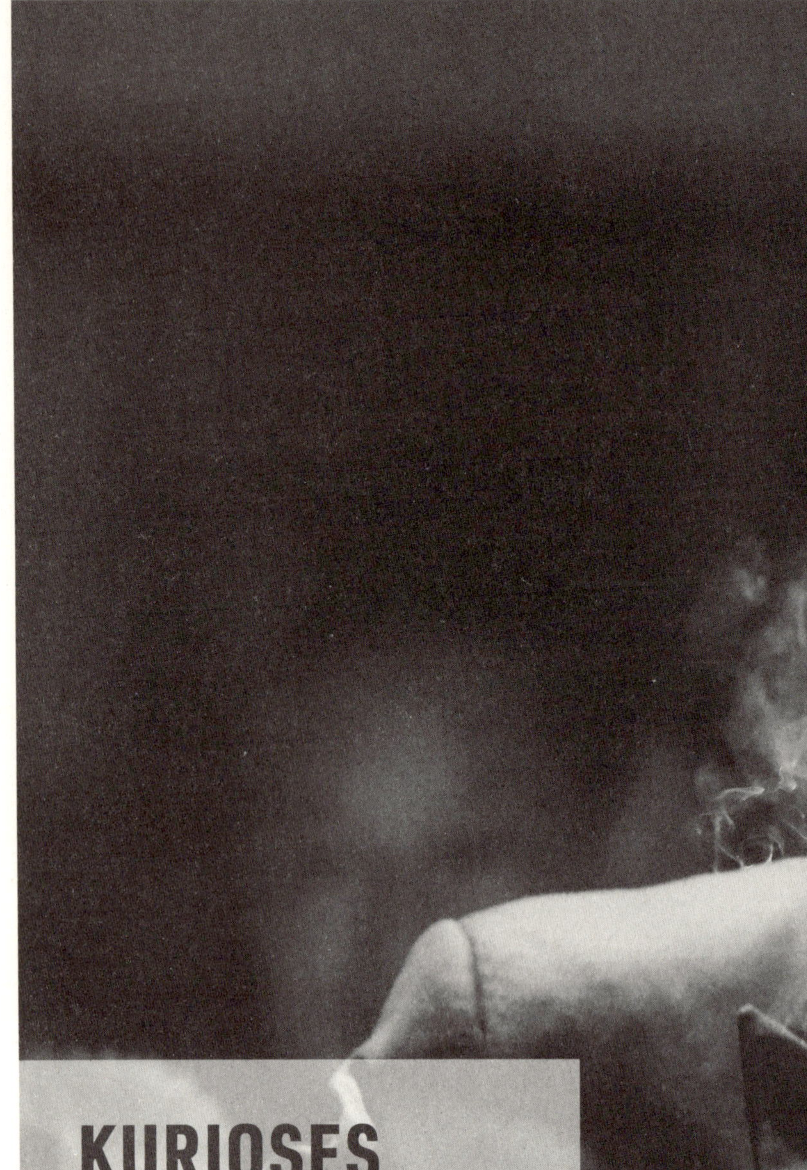

KURIOSES UND REKORDE

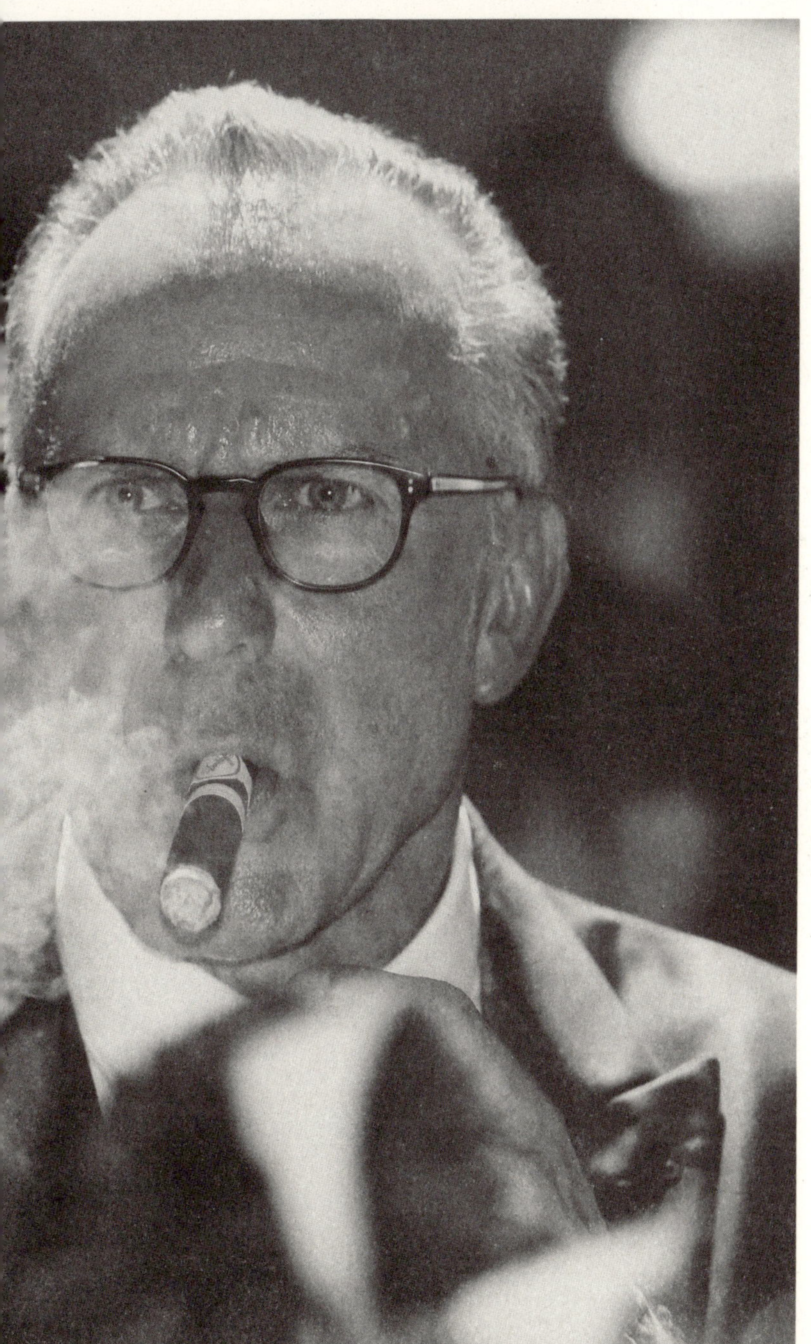

76 In der Liste der Deutschen Meister findet sich auch ein Fußballklub aus …

a Paris
b Wien
c Zürich

77 Welcher Angreifer traf für sechs Bundesligaklubs in mindest einer Saison zweistellig?

a Gerd Müller
b Bruno Labbadia
c Robert Lewandowski

78 Der italienische Angreifer Igor Protti schrieb 2003 in seinem Heimatland Fußballgeschichte. Was gelang ihm als Erstem?

a Als Erster in den drei höchsten Ligen des Landes Torschützenkönig zu werden
b Torschützenkönig in der Serie B zu werden – mit nur neun Saisonspielen
c Mit nur sechs Saisontreffern Torschützenkönig der Serie C zu werden

79

Was machte die Teilnahme des TSV Gerbrunn am DFB-Pokal 2003 / 2004 so besonders?

Der Klub hatte sich nach mehreren Disqualifikationen anderer Klubs als Sieger des bayerischen Fußballpokals der Frauen qualifiziert. **a**

Der Klub nahm als Neuntligist am Wettbewerb teil, in einer niedrigeren Klasse spielte noch nie ein Teilnehmer im DFB-Pokal. **b**

Mit ihrer neunzehnten Erstrundenniederlage bei der neunzehnten Teilnahme bauten sie ihren bis heute gültigen Rekord aus – außer ihnen gibt es kein Team, das nicht spätestens bei der vierten Teilnahme ein Spiel gewonnen hat. **c**

80

Brian Savill erzielte beim 1:18 von Wimpole gegen Earls Colne 2002 den Ehrentreffer für das unterlegene Team. Anschließend wurde er wegen dieses Tores gesperrt. Warum?

Er war Schiedsrichter der Partie. **a**

Er war als Zuschauer mit einem Wimpole-Trikot aufs Feld gelaufen und traf. **b**

Er schoss aus Langeweile ins eigene Tor. **c**

81 Welche dieser drei Aussagen über RW Essen ist wahr?

a Als Deutscher Meister 1955 war RW Essen der erste DFB-Vertreter im Europapokal der Landesmeister.

b In der Saison 1976 / 1977 spielte RWE zum letzten Mal in der Bundesliga. Dabei verlief die Abstiegssaison kurios: Noch nach dem 22. Spieltag lagen die Essener auf dem 4. Platz.

c RW Essen war der erste Klub, der zum fünften Mal Deutscher Meister werden konnte.

82 In der Saison 1997 / 1998 scheiterten im DFB-Pokal hintereinander UEFA-Cup-Sieger Schalke 04 und Champions-League-Gewinner Borussia Dortmund an einem Drittligisten. Welchem?

a Westfalia Herne

b Eintracht Trier

c TSV Vestenbergsgreuth

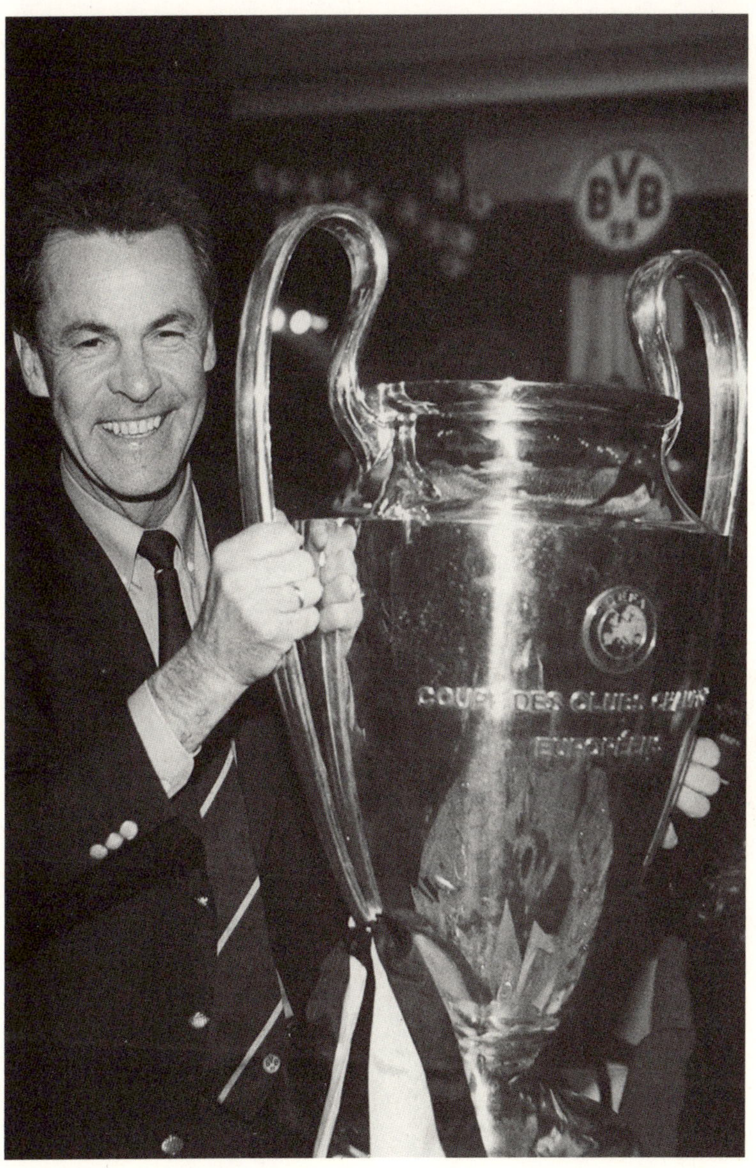
BVB

83

Wer ist mit sechs Titeln Rekordtorschützenkönigin der Bundesliga der Frauen?
Tipp: Alle sechs Titel holte sie im Duisburger Trikot.

a Inka Grings
b Heidi Mohr
c Conny Pohlers

84

Wie heißt der Profi, der im letzten Testländerspiel vor der Heim-WM 1974 auf dem Platz stand, aber wegen einer Schiedsrichterbeleidigung fünf Minuten vor Ende der Bundesligasaison aus dem Kader gestrichen wurde?

a Erwin Kremers
b Willi Reimann
c Klaus Toppmöller

França hieß der Brasilianer, der bei Hannover 96 für Verzweiflung sorgte. Warum? **85**

Sein Manager hatte França eigentlich versprochen, ihn in Hamburg unterzubringen. Als er in Hannover ankam, wollte er schnellstmöglich wieder weg. **a**

Manager Schmadtke hatte sich statt des gewünschten 1,90-Meter-Spielers im Mittelfeld einen 1,81 Meter großen Profi andrehen lassen. **b**

França weigerte sich, in den grünen 96-Trikots zu spielen, da dies die Trikotfarbe seines Hass-Klubs aus Brasilien sei. **c**

Welcher von Gerd Roggensack trainierte Klub stieg in der Saison 1986 / 1987 als einziges Team in der Geschichte der 2. Fußball-Bundesliga mit einer positiven Tordifferenz ab? **86**

Eintracht Braunschweig **a**

RW Oberhausen **b**

FSV Salmrohr **c**

87

Ein deutscher Torhüter hält in Österreich die längste Serie ohne Gegentor. Welcher Keeper blieb im Tor des FC Tirol Innsbruck zwischen Mai und September 2001 insgesamt 1085 Minuten ohne Gegentor?

a Alexander Walke
b Raphael Wolf
c Marc Ziegler

88

In welcher Stadt fand noch nie ein Finale im DFB-Pokal statt?

a Gelsenkirchen
b Köln
c München

89

Welcher dieser Klubs hat in den Siebzigerjahren zweimal an der DFB-Pokal-Hauptrunde teilgenommen?

a Gummi Mayer Landau im ASV
b FC Reifen Röder Rodalben
c SV Waschstraßen Hertig Edenkoben

Was war am 3:2 des FC Bayern gegen Bayer Uerdingen am 34. Spieltag der Saison 1983 / 1984 so besonders? **90**

Alle fünf Treffer fielen nach der 85. Minute – das gab's in knapp 60 Jahren Bundesliga nur in diesem Spiel. **a**

Wegen des Pokalfinals am Donnerstag zuvor fand die bedeutungslose Partie erst einen Tag nach den anderen acht Begegnungen des letzten Spieltags statt, sonntagmorgens um 11.30 Uhr – einmalig in der Bundesligageschichte. **b**

Zum bislang letzten Mal trafen mit Karl-Heinz und Michael Rummenigge zwei Brüder im selben Bundesligaspiel. **c**

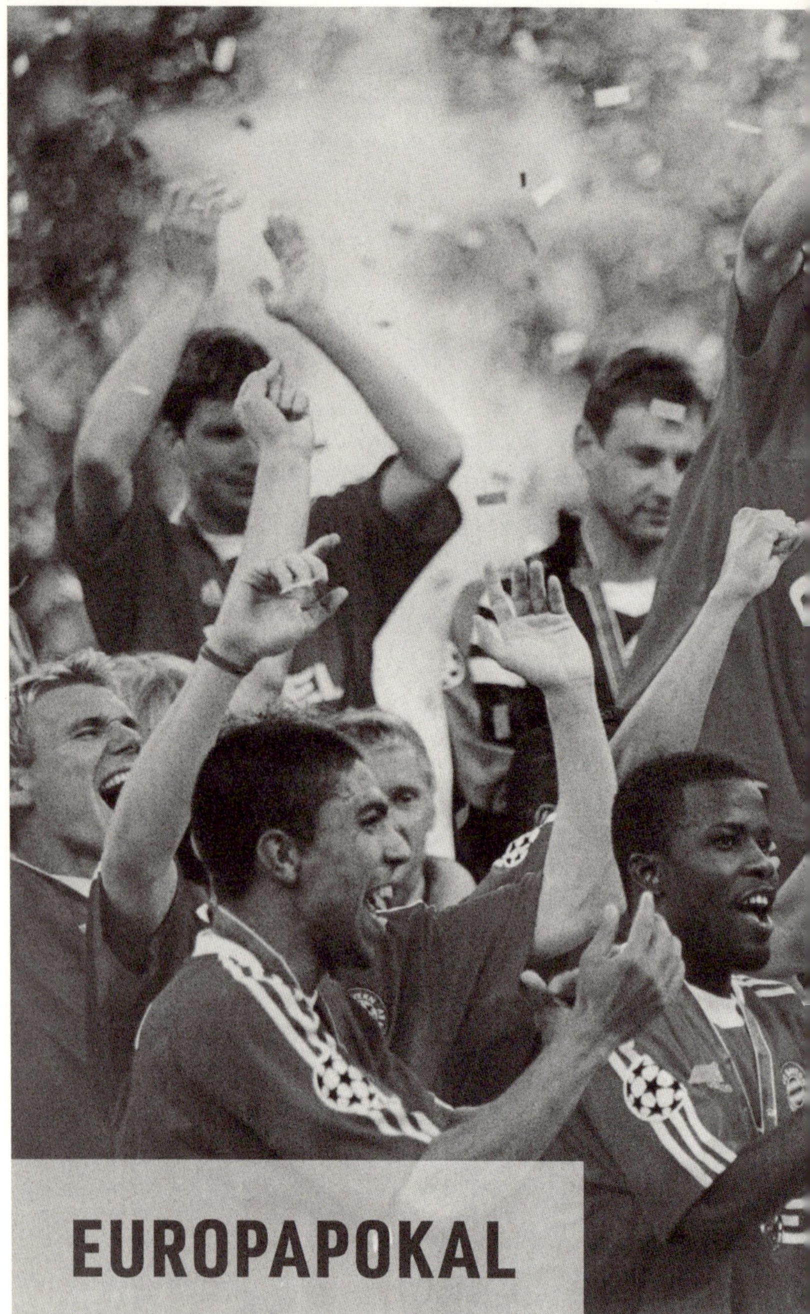

EUROPAPOKAL

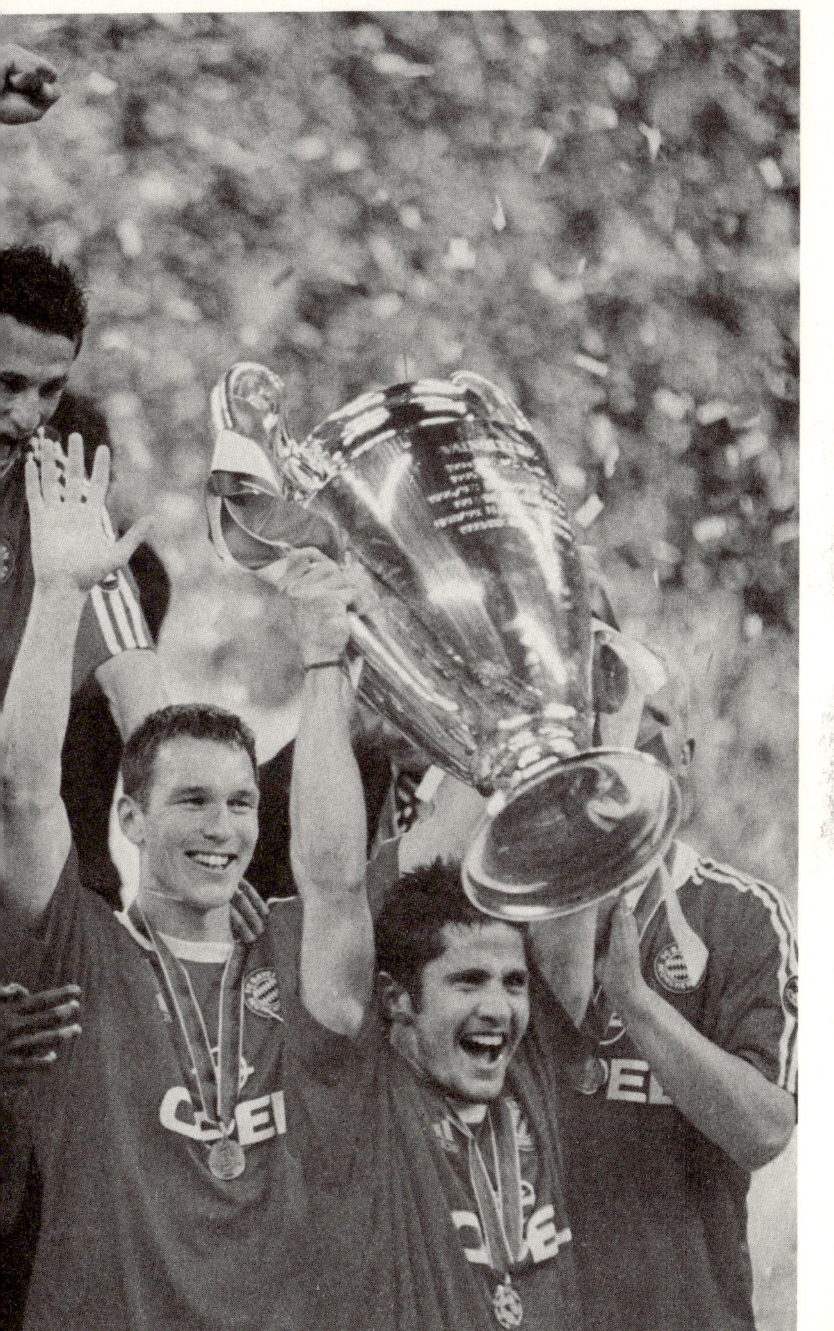

91

Die bislang höchste Niederlage einer deutschen Mannschaft im Europapokal gab es in der Saison 1960 / 1961. Welcher Klub unterlag damals im Viertelfinal-Rückspiel des Europapokals der Pokalsieger bei den Glasgow Rangers 0 : 8?

a FC Homburg

b Borussia Mönchengladbach

c Preußen Münster

92

Jupp Heynckes gewann als Trainer 1998 erstmals die Champions League. Im Finale setzte sich sein Klub Real Madrid 1 : 0 gegen Juventus durch. Neben Bodo Illgner im Real-Tor war noch ein dritter Deutscher an jenem Abend beteiligt – der Schiedsrichter. Wie hieß er?

a Alfons Becher

b Günther Glas

c Hellmut Krug

Welcher aktuelle Zweitligist stand noch in der Saison 2000 / 2001 im Halbfinale des UEFA-Cups? 93

Fortuna Düsseldorf a
Hertha BSC b
1. FC Kaiserslautern c

In der Saison 2009 / 2010 wurde der vormalige UEFA-Cup erstmals als Europa League ausgetragen. Wer holte sich im Mai 2010 im Hamburger Volksparkstadion den ersten Titel im neuen Wettbewerb? 94

Sturm Graz a
Atlético Madrid b
Rapid Wien c

Zum Start der Saison 1992 / 1993 wurde aus dem Europapokal der Landesmeister die Champions League. Welcher deutsche Spieler lief als erster in einem Finale des neuen Wettbewerbs auf? 95

Oliver Bierhoff a
Oliver Kahn b
Rudi Völler c

96 Als einziger DDR-Vertreter konnte der 1. FC Magdeburg einen Europapokal gewinnen. Wie hieß der Gegner im Finale des Europapokals der Pokalsieger 1974?

a Sporting Lissabon

b AC Mailand

c Banik Ostrava

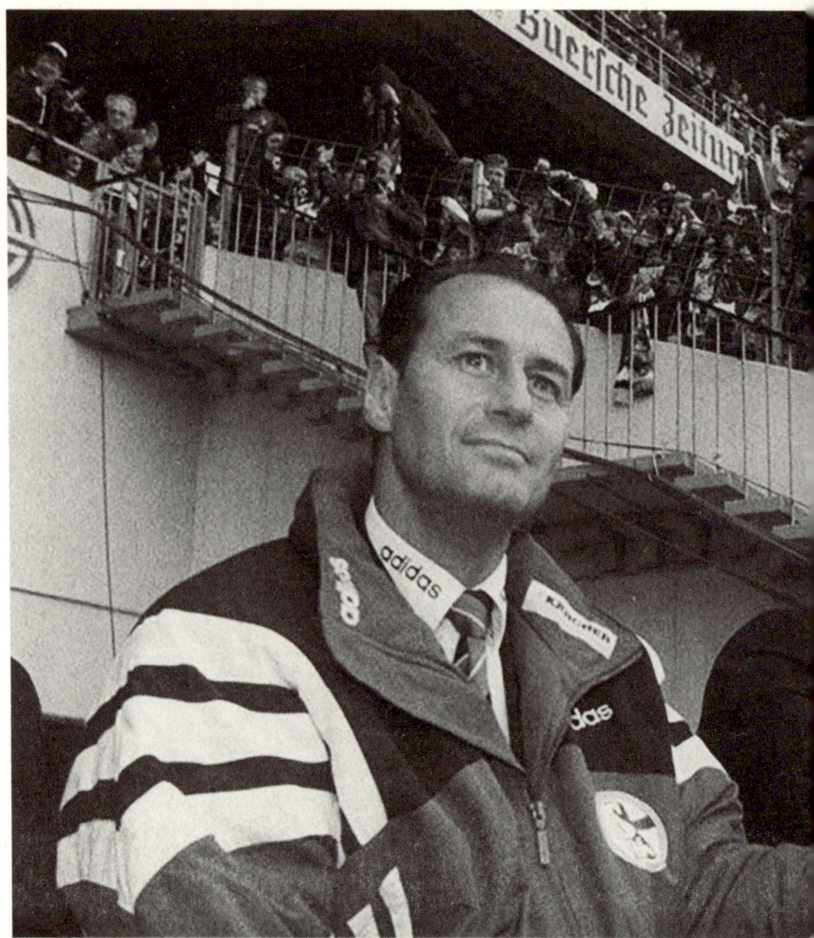

97

1997 gewann Schalke 04 mit Trainer Huub Stevens den UEFA-Cup. Dabei hatte Stevens in der ersten Runde des Wettbewerbs noch den Schalker Gegner trainiert. Welcher Klub war das?

PSV Eindhoven **a**

Roda Kerkrade **b**

Feyenoord Rotterdam **c**

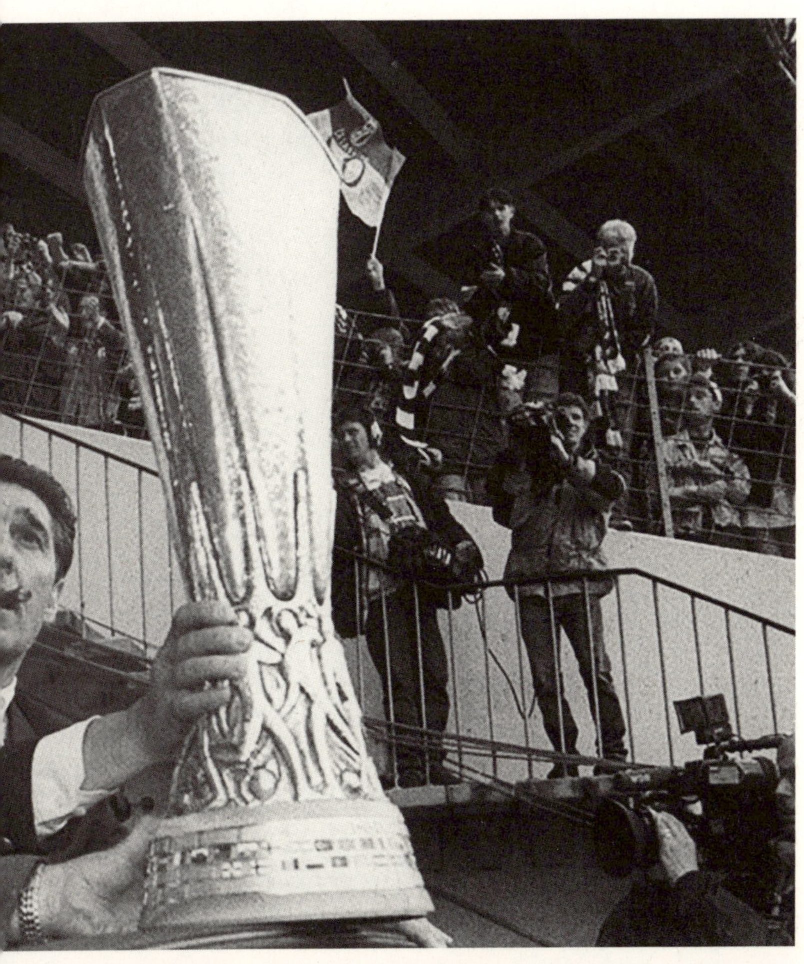

98 Wen besiegte der Karlsruher SC 1993 beim »Wunder vom Wildpark« 7:0 und zog damit trotz einer 1:3-Hinspielniederlage ins Achtelfinale des UEFA-Cups ein?

a Espanyol Barcelona

b FC Getafe

c FC Valencia

99 Welcher dieser Klubs gehörte nicht zu den ersten vier deutschen Europapokalsiegern?

a Borussia Dortmund

b Borussia Mönchengladbach

c Hamburger SV

Es war der berühmteste Büchsenwurf der Europapokalgeschichte. 1971 wurde in der Partie zwischen Borussia Mönchengladbach und Inter Mailand beim Stand von 2:1 ein Italiener von einer Dose getroffen und daraufhin ausgewechselt. Der 7:1-Sieg der Gladbacher wurde annulliert, Inter setzte sich in der Folge durch. Wie hieß der italienische Spieler, der die Hauptrolle in diesem Drama spielte? 100

Roberto Boninsegna **a**
Giacinto Facchetti **b**
Sandro Mazzola **c**

Welcher dieser drei schottischen Klubs stand schon einmal im Halbfinale eines Europapokals? 101

Airdrieonians FC **a**
Dunfermline Athletic **b**
Inverness Caledonian Thistle **c**

102

Das Champions-League-Finale 1999 zwischen Manchester United und dem FC Bayern München bleibt unvergessen. United drehte in den letzten Minuten einen 0:1-Rückstand noch in einen 2:1-Erfolg. Dabei mussten sich beide Klubs als Vizemeister ihrer jeweiligen Ligen überhaupt erst über die zweite Qualifikationsrunde für die Gruppenphase qualifizieren. Wie hießen die beiden Gegner?

a ŁKS Łódź und FK Obilić

b NK Maribor und Dinamo Tiflis

c Litex Lowetsch und Grasshopper Club Zürich

103

Zur Saison 1955 / 1956 wurde der Europapokal der Landesmeister eingeführt, Real Madrid gewann die ersten fünf Austragungen. Wer trug sich 1961 als zweiter Klub in die Siegerliste ein?

a FC Barcelona

b Celtic Glasgow

c Benfica Lissabon

Welcher dieser Klubs hat noch nie einen Europacup gewonnen? 104

Schachtar Donezk a

Spartak Moskau b

ZSKA Moskau c

Wie hieß das erste Team in einem Champions-League-Finale, das zuvor noch nie nationaler Meister war? 105

Bayer Leverkusen a

Atlético Madrid b

AS Monaco c

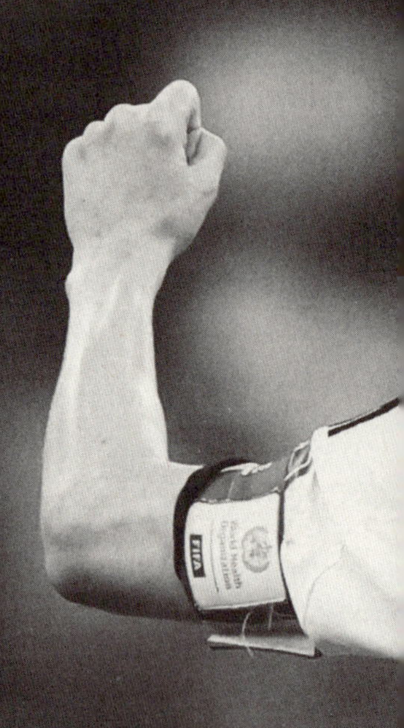

DER MODERNE FUSSBALL

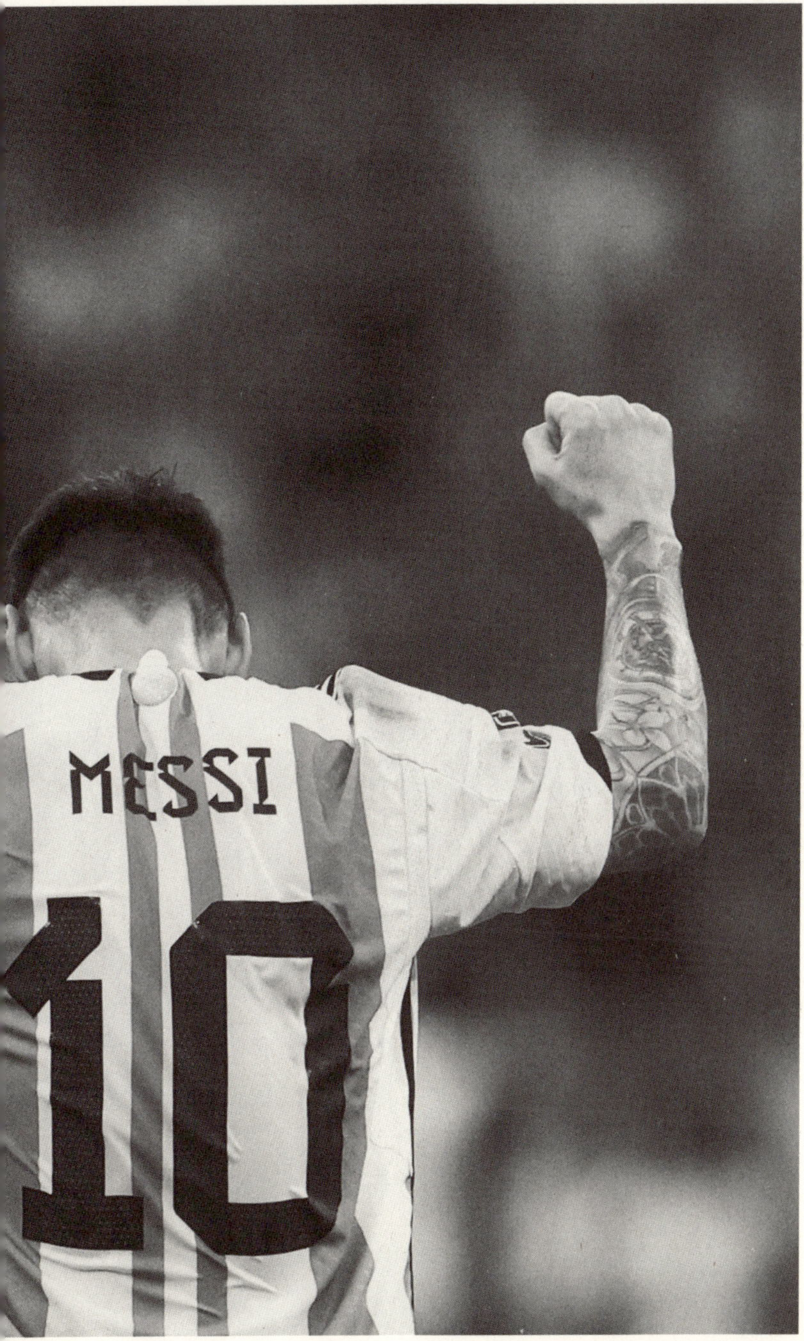

106

Zlatan Ibrahimović beendete im Sommer 2023 seine Karriere, nachdem er im März jenes Jahres zum ältesten Torschützen in der Geschichte der Serie A geworden war. Seit wann hatte er in jedem Kalenderjahr mindestens einmal getroffen?

a 1999

b 2006

c 2013

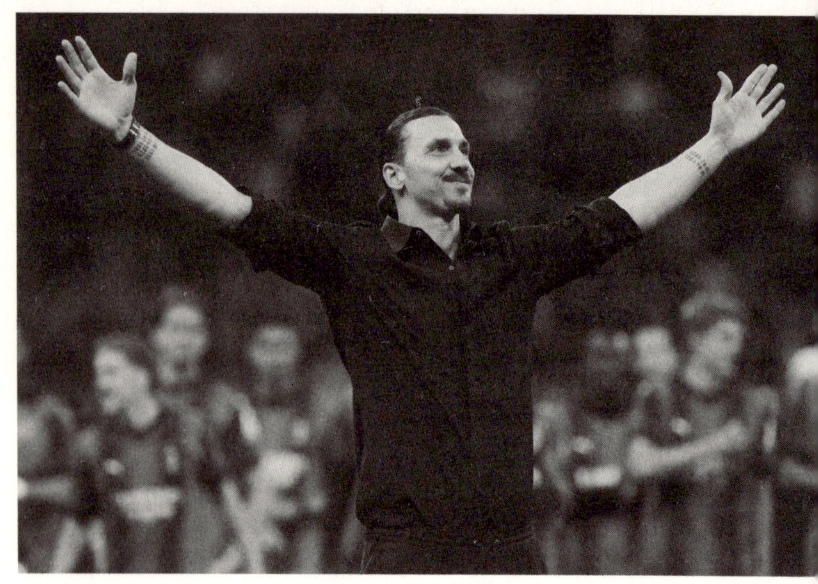

107

Beim Ligaspiel gegen AS Saint-Étienne sorgte Marseilles Angreifer Mario Balotelli 2019 mit seinem Torjubel für Aufsehen. Was tat Balotelli nach seinem Treffer zum 1:0 in der 12. Minute?

Er zog sich seine Hose über den Kopf und sprang mit einem Salto über eine Werbebande. **a**

Er griff sich ein Smartphone und nahm ein Video auf, das er umgehend in seiner Instagram-Story postete. **b**

Er nahm die Eckfahne und rannte zu seinem Torhüter, um diesem mit ihr den Hintern zu versohlen. **c**

108

In die Liga welches Landes ist Cristiano Ronaldo Anfang 2023 gewechselt?

China **a**

Saudi-Arabien **b**

USA **c**

109

Die Einführung welcher Regel revolutionierte 1992 den Weltfußball?

Einwurfregel **a**

Rückpassregel **b**

Anstoßregel **c**

110

Österreich ist das Paradies für Trikotwerbung. Dort wird großflächig auf allen bedruckbaren Teilen der Trikots und Hosen angepriesen. Für was warben die Profis des Zweitligisten SV Ried in der Saison 2023 / 2024?

a Leberkäse-Semmel

b Chinarestaurant in Kopenhagen

c Streichhölzer

111

Mehr als 100 Millionen Euro hat sich Manchester City den englischen Nationalspieler Jack Grealish kosten lassen. Von welchem Klub kam er 2021 zu den Citizens?

a Aston Villa

b FC Everton

c FC Southampton

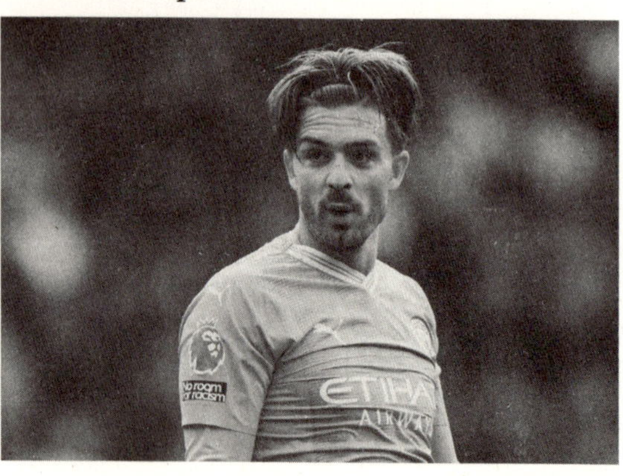

112

Gegen welchen deutschen Klub hat Lionel Messi in der Champions League fünf Tore in einem Spiel erzielt?

Werder Bremen **a**
Hamburger SV **b**
Bayer Leverkusen **c**

113

Erling Haaland hat im Herbst 2022 mit seinem Treffer im Champions-League-Duell zwischen Manchester City und Borussia Dortmund einen weiteren Rekord aufgestellt. Mit 22 Jahren und 55 Tagen ist er der jüngste Spieler der Champions League, dem ein Treffer für und gegen einen Klub gelang, in diesem Fall Borussia Dortmund. Wer war zuvor der jüngste?

Mario Gómez **a**
Jari Litmanen **b**
Álvaro Morata **c**

114 Der Eigentümer des viertklassigen englischen Fußballvereins Notts County, Alan Hardy, kündigte Ende Januar 2019 per Twitter überraschend an, den Klub verkaufen zu wollen. Für noch mehr Überraschung sorgte der vorangegangene Tweet, auf dem Hardy versehentlich Vertrauliches preisgab. Was war dort zu sehen?

a Die Gehaltsliste aller Angestellten

b Der Penis von Hardy

c Die private Mobilnummer der damaligen Premierministerin Theresa May

115 Wer ist der einzige Spieler der Champions-League-Geschichte, dem für drei Klubs drei Tore in einem Spiel gelangen?

a Zlatan Ibrahimović

b Robert Lewandowski

c Cristiano Ronaldo

116

Welcher Profi schoss als erster in einem Champions-League-Finale einen Treffer gegen seinen Ex-Klub?

Gareth Bale **a**
Kingsley Coman **b**
Cristiano Ronaldo **c**

117

Welcher Fußballstar verbirgt sich hinter dem bürgerlichen Namen Képler Laveran Lima Ferreira?

Ederson **a**
Neymar **b**
Pepe **c**

118

In der Geschichte der Champions League gab es erst ein Team, das in seinen sechs Gruppenspielen ungeschlagen blieb und dennoch ausschied. Wer ist gesucht?

AEK Athen **a**
FC Basel **b**
PSV Eindhoven **c**

119 In der Geschichte der französischen Ligue 1 gab es immer wieder Bestrebungen, attraktiven Fußball zu belohnen. Für was gab es zeitweise einen Extrapunkt?

a Für zehn eigene Eckbälle in einem Spiel

b Für einen Sieg mit mindestens drei Toren Unterschied

c Für das Erzielen eines Treffers in der ersten und zweiten Hälfte

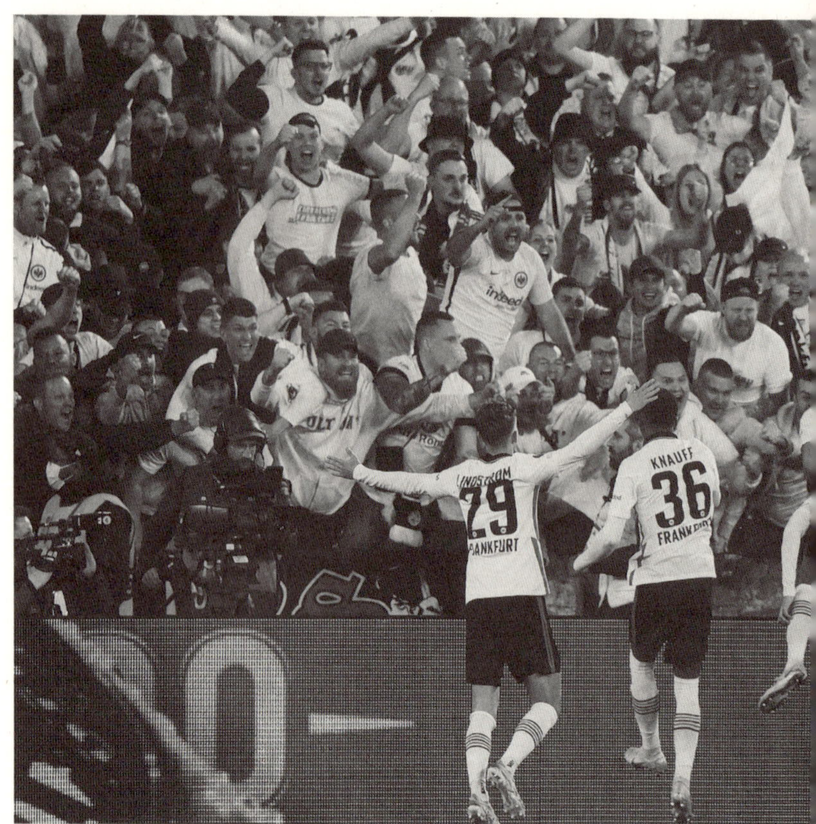

120

42 Jahre vergingen zwischen Eintracht Frankfurts Sieg im UEFA-Cup 1980 und dem Erreichen des Europa-League-Finals 2022. Nur ein Klub hatte eine noch längere Zeitspanne zwischen zwei Endspielen zu überbrücken – wer wartete 51 Jahre?

Sporting Lissabon **a**
Manchester City **b**
Paris Saint-Germain **c**

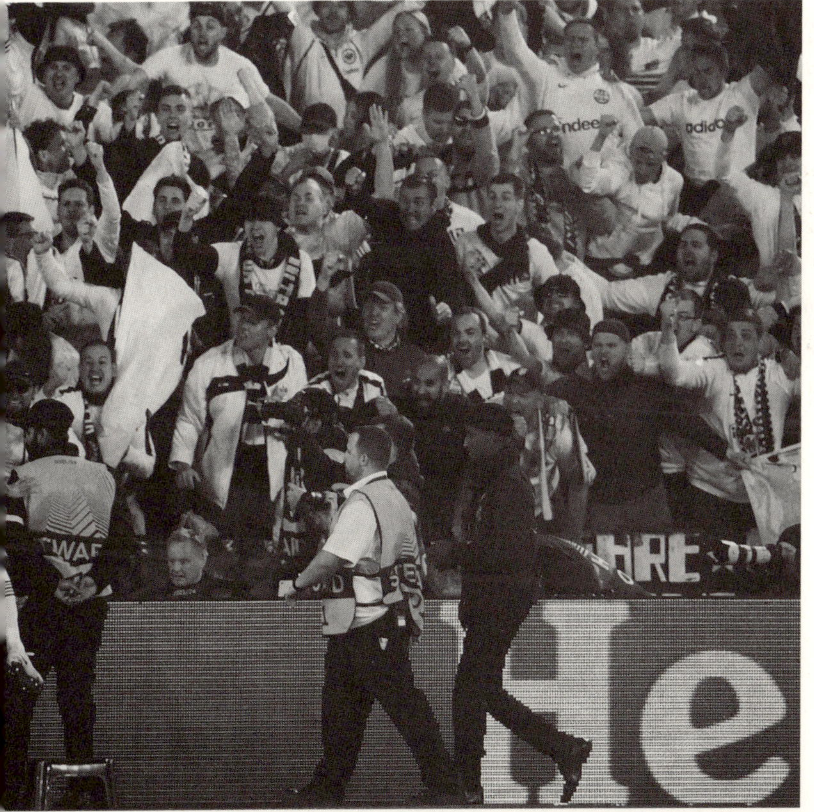

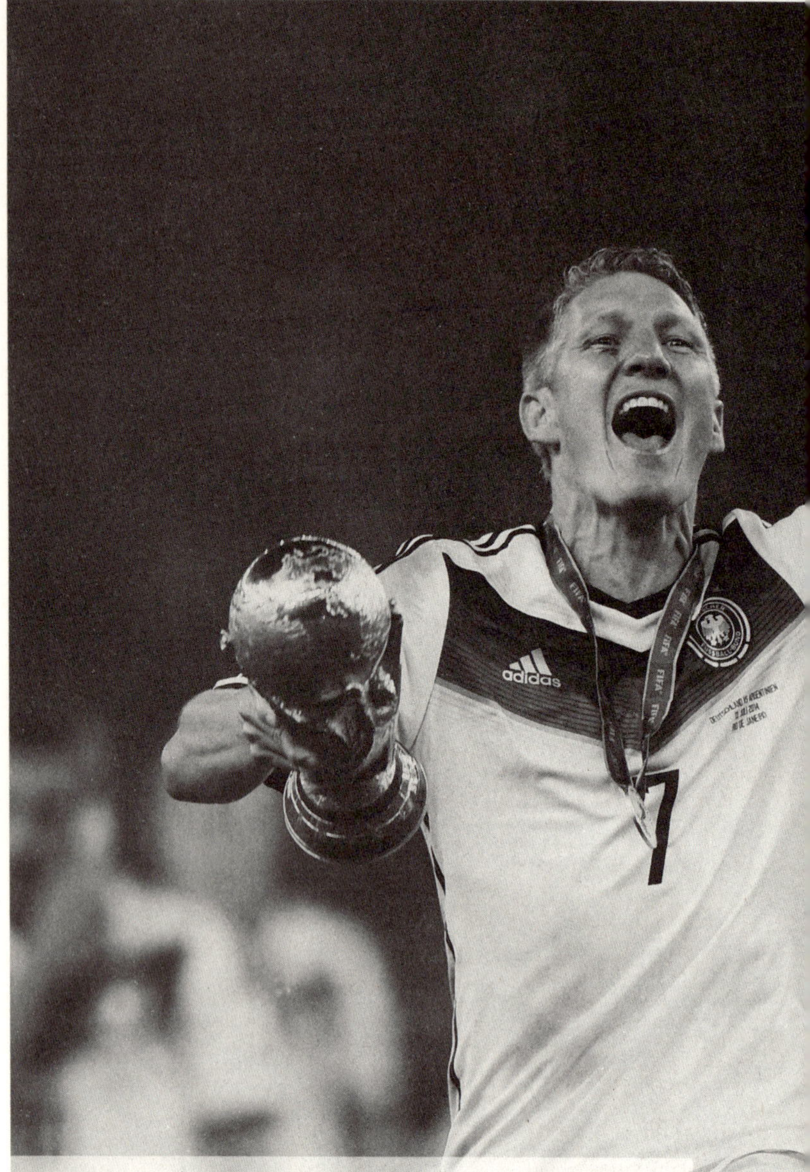

WELTMEISTERLICH

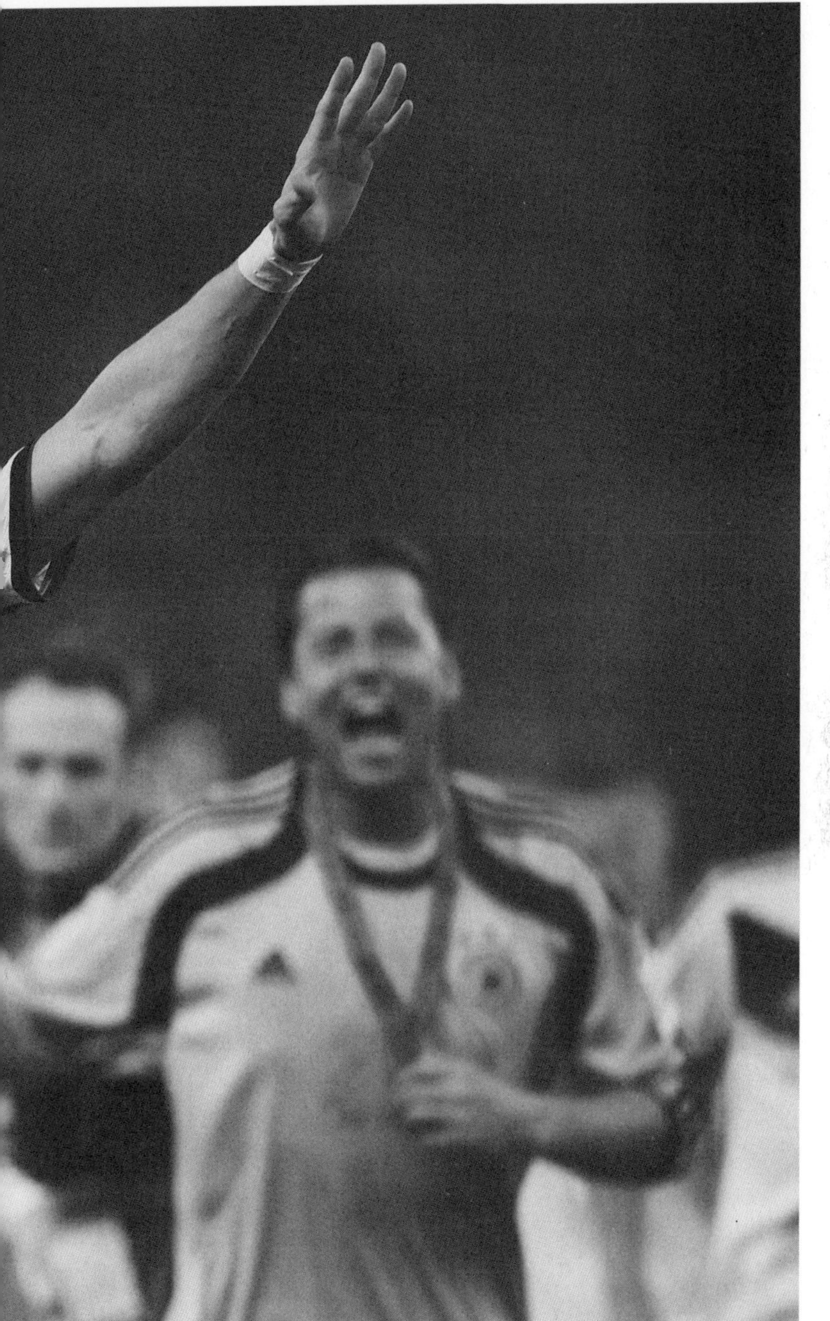

121 Bei welcher Fußballweltmeisterschaft der Männer gab es den höchsten Zuschauerschnitt?

a Uruguay 1930

b USA 1994

c Katar 2022

122 Welches Team stand bei sechs Weltmeisterschaften im Halbfinale und hat alle Partien gewonnen?

a Argentinien

b Kolumbien

c Uruguay

123 Wer wurde im WM-Finale 1990 als einziger deutscher Spieler eingewechselt?

a Olaf Marschall

b Matthias Sammer

c Stefan Reuter

Geoff Hurst war 1966 der erste Spieler, der in einem WM-Finale drei Treffer erzielen konnte. Wer war 2022 der zweite? 124

Kingsley Coman a
Antoine Griezmann b
Kylian Mbappé c

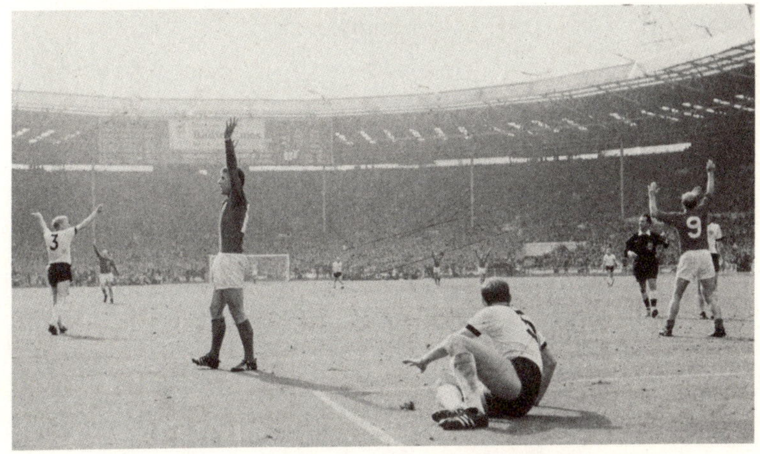

Die Schweizer scheiterten 1954 bei der WM im eigenen Land beim torreichsten Spiel der WM-Geschichte. Wem unterlagen sie damals im Viertelfinale 5:7? 125

Australien a
Marokko b
Österreich c

126 Nach dem verpassten WM-Titel 1950 im eigenen Land spielte die brasilianische Nationalmannschaft in gelben Trikots. Welche Farbe trug sie bis dahin?

a Grün

b Rot

c Weiß

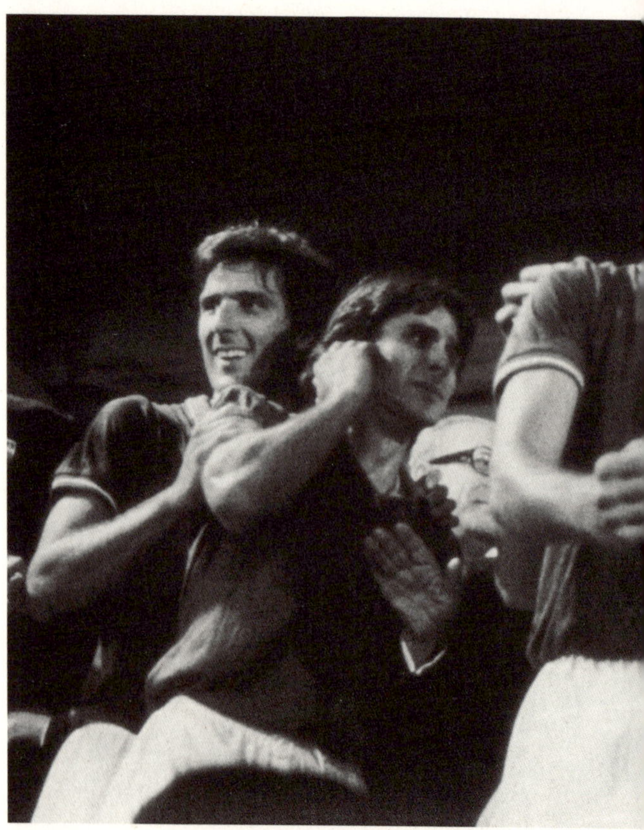

127

Welche Aussage über das italienische Weltmeisterteam von 1982 stimmt?

Acht Spieler aus der Startelf bestritten nach dem WM-Finale kein Länderspiel mehr. **a**

Sie waren der einzige amtierende Weltmeister aus Europa, der sich nicht für die folgende EM qualifizieren konnte. **b**

Bis auf den 18-jährigen Giuseppe Bergomi waren alle Spieler der Startelf mindestens 30 Jahre alt. **c**

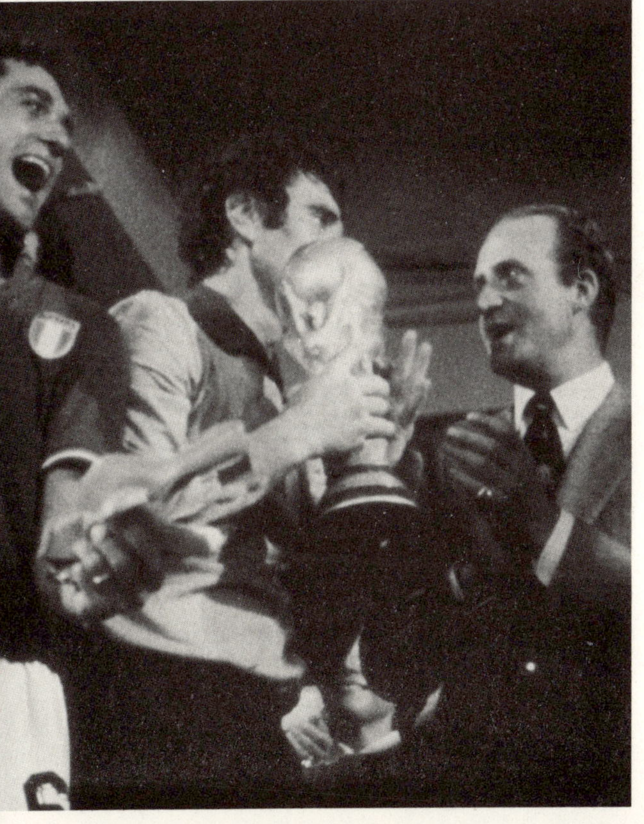

128 Welcher dieser Spieler hat nie an einer WM teilgenommen?

a Mario Basler

b Stefan Effenberg

c Mehmet Scholl

129 Welches Nationalteam trägt den Spitznamen »La Blanquirroja«?

a Argentinien

b Paraguay

c Peru

130 Welche dieser Nationen stand bei den Männern noch nie in einem WM-Finale?

a Kroatien

b Polen

c Schweden

131

Wer leitete bei der WM 1990 in Italien drei Spiele?

Hans-Dietrich Genscher **a**
Helmut Kohl **b**
Helmut Schmidt **c**

132

Wer war der einzige Spieler, der in zwei WM-Finals eine Gelbe Karte sah?

Roberto Carlos **a**
Diego Maradona **b**
Lothar Matthäus **c**

133

Welche WM fand ohne den Titelverteidiger statt?

1934 **a**
1954 **b**
1970 **c**

134 **Sechs Spiele bei WM-Endrunden, sechs Niederlagen, 1:22 Tore. Welches Land steht mit dieser Bilanz auf dem letzten Platz der ewigen Tabelle bei WM-Turnieren?**

a China

b El Salvador

c Kuwait

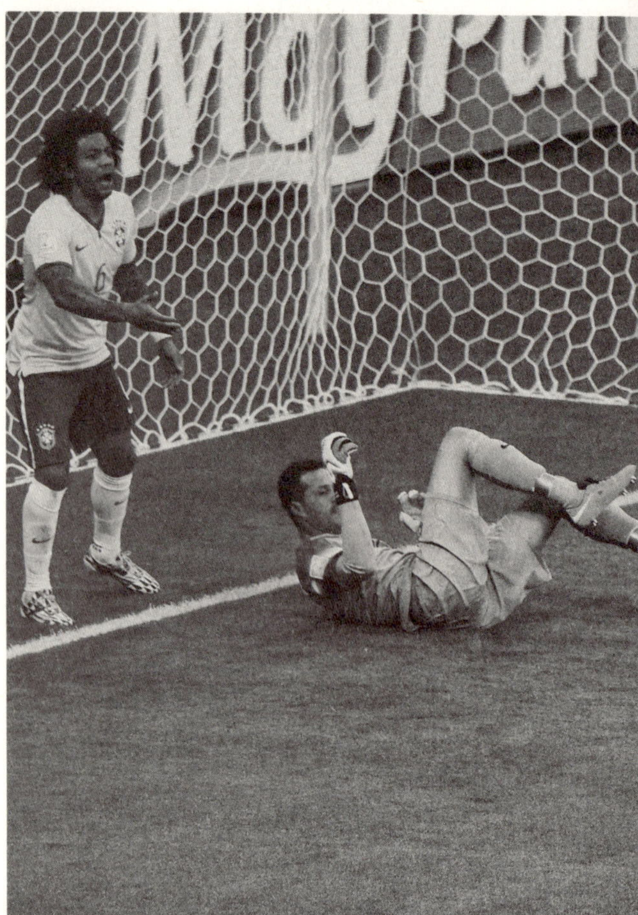

135

2014 gewann Deutschland im WM-Halbfinale 7:1 gegen Brasilien. Das ist bis heute der zweithöchste Sieg in einem K.-o.-Runden-Spiel einer Weltmeisterschaft. Welche Partie endete 1938 8:0?

Schweden vs. Kuba **a**

Italien vs. Niederländisch-Indien **b**

Ungarn vs. Belgien **c**

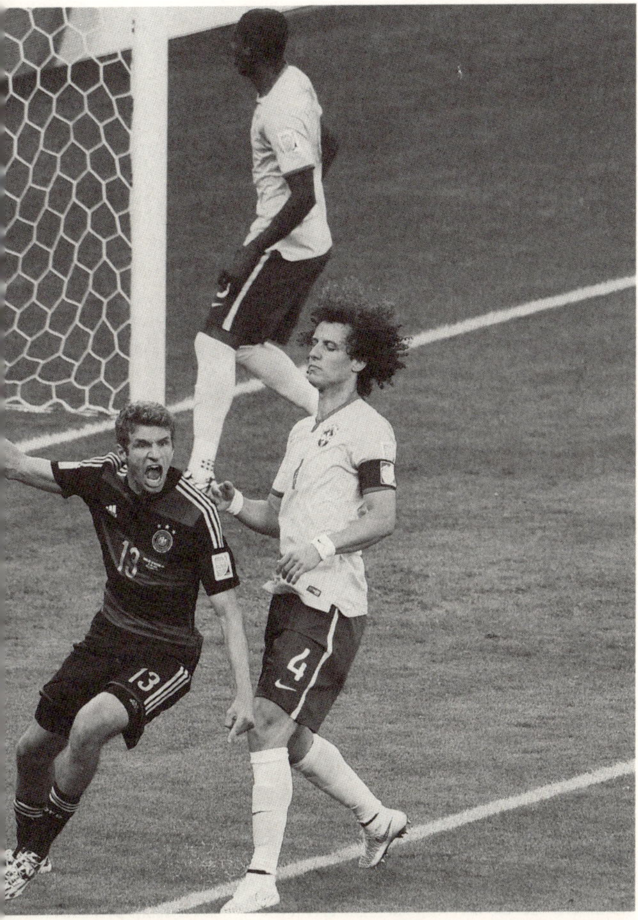

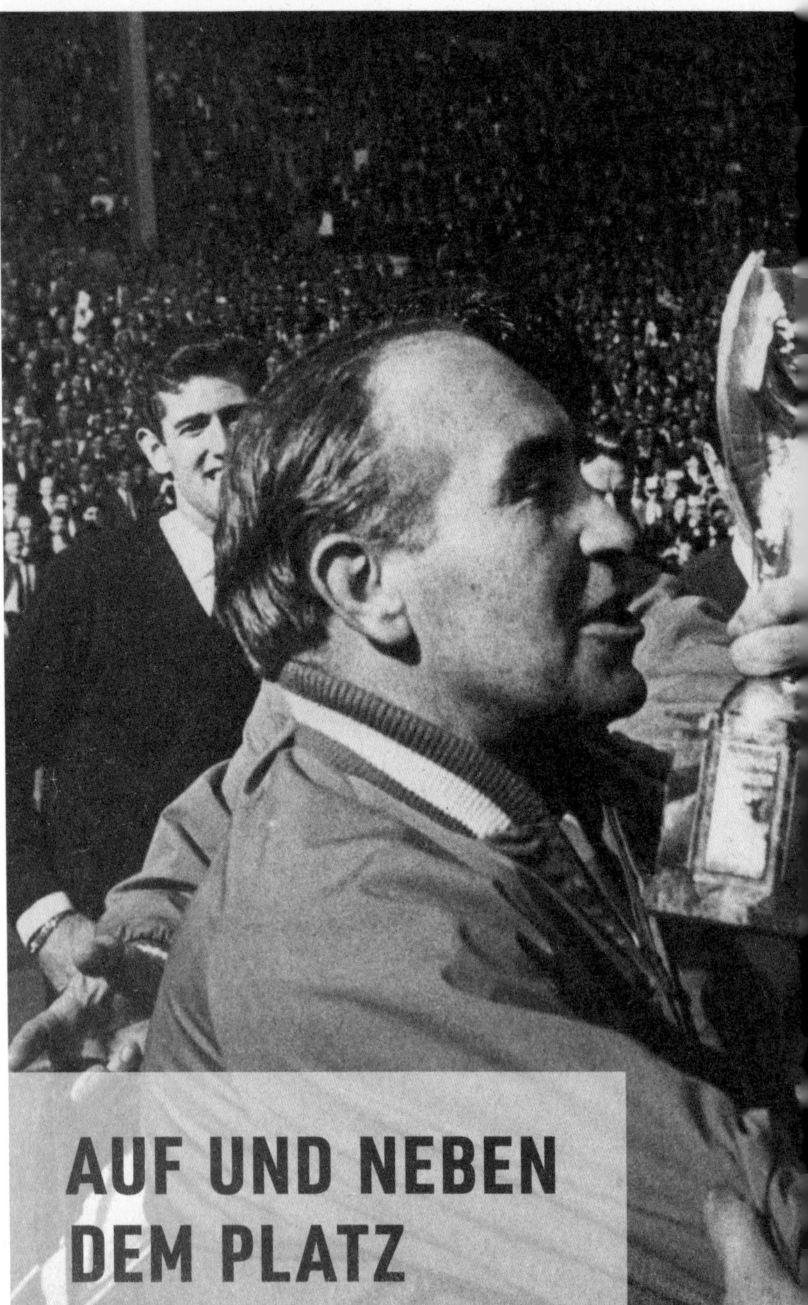

AUF UND NEBEN DEM PLATZ

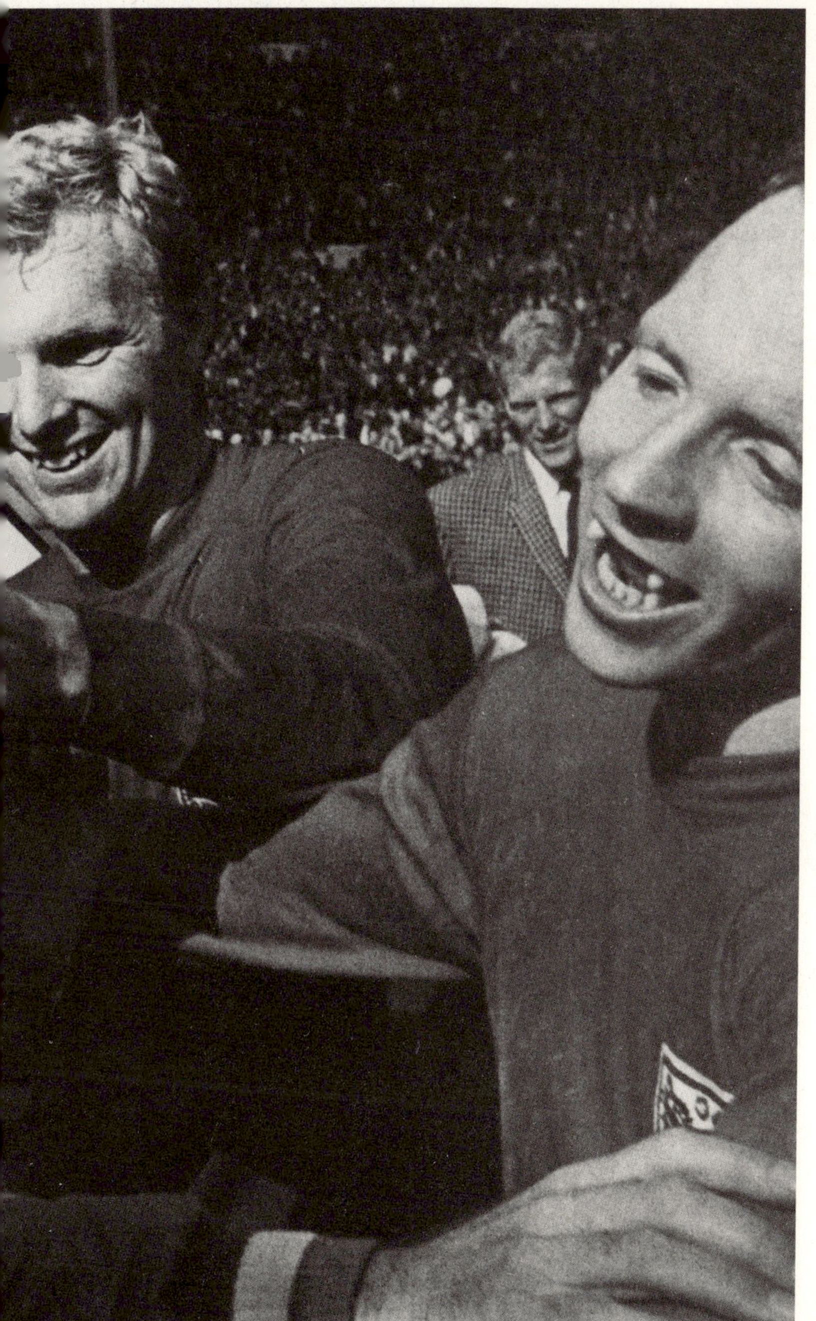

136

Nach einer Rangelei in einem Restaurant in Regensburg im Oktober 1999 trennte sich der FC Bayern von einem Profi. Wer verließ im Zuge der »Pizzeria-Affäre« den Klub?

a Mario Basler

b Jens Jeremies

c Thomas Strunz

137

Am 11. September 2001 bestritt Schalke 04 das erste Spiel seiner Champions-League-Geschichte. Trotz des Terroranschlags auf das World Trade Center wurde die Partie nicht verschoben. Gegen welche Mannschaft trat S04 an?

a F91 Düdelingen

b Panathinaikos

c Vorwärts Steyr

Am 10. Mai 1997 hatte Jürgen Klinsmann genug. 138
Er hatte schlecht gespielt, die Stimmung in der Mannschaft war mies, und dann wechselte Trainer Giovanni Trapattoni ihn auch noch aus. Zu welcher legendären Reaktion ließ sich Klinsmann nach seiner Herausnahme hinreißen?

Er schüttete eine Wasserflasche über seinem **a**
Trainer aus.

Er warf seine Schuhe auf die Tribüne und ver- **b**
letzte dabei die Gattin seines Managers.

Er trat ein Loch in eine Werbetonne. **c**

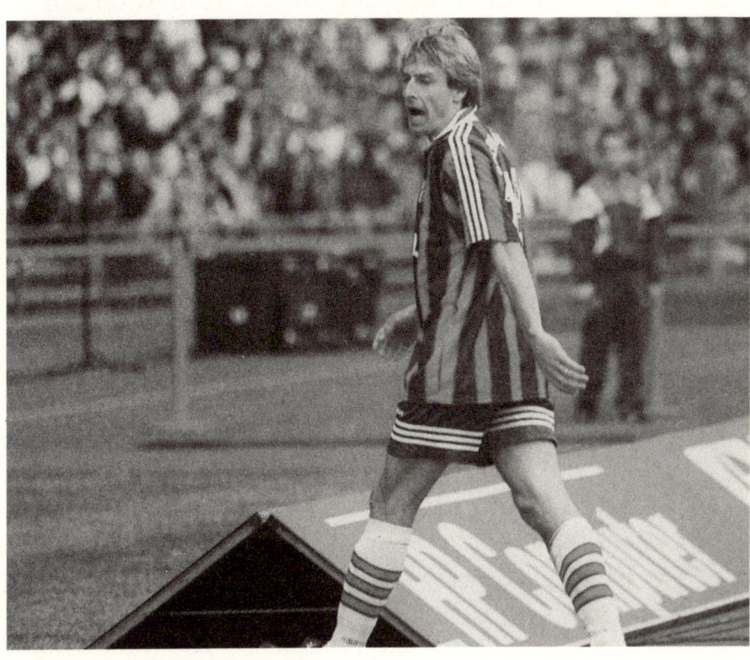

139 Fußballgeschichte im »Aktuellen Sportstudio«: Im Mai 1989 johlte das Studiopublikum, und die Zuschauer am Fernseher wunderten sich: In einer denkwürdigen Sendung gingen sich Kölns Trainer Christoph Daum und Bayern-Manager Uli Hoeneß verbal an den Kragen, nahezu schweigend assistiert von Udo Lattek und Jupp Heynckes. Wer moderierte den Schlagabtausch?

a Thomas Gottschalk
b Bernd Heller
c Günther Jauch

140 Bei welcher WM wurden zum ersten und bislang einzigen Mal mit Ausnahme des Finals keine Nationalhymnen gespielt?

a England 1966
b USA 1994
c Katar 2022

141 Wer musste in der Halbzeit eines Europapokalspiels sterben?

a Ein Hahn
b Ein Hamster
c Ein Hund

142

Welcher Name stand an Otto Rehhagels Klingelschild zu seiner Zeit als Trainer beim FC Bayern?

Kinski **a**

Rubens **b**

Warhol **c**

143

Welche Rolle spielte Paul Breitner 1976 im Western »Potato Fritz«?

Lieutenant Slade **a**

Reverend Cavenham **b**

Sergeant Stark **c**

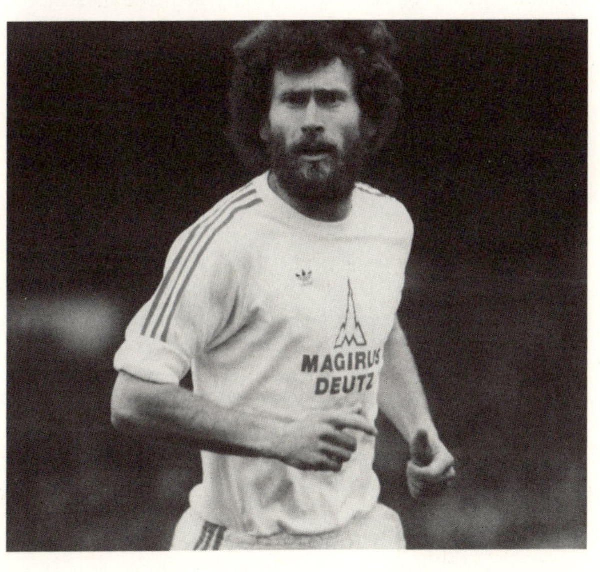

144 Bei einem Auftritt im Musikvideo der Gruppe Ich + Ich bewegte Ex-Nationalspieler Fredi Bobic zu welchem Satz seine Lippen?

a »Ich bin eine Elfe, ich bin ein Troll.«

b »Gott ist dein Freund, auch morgens im Stau.«

c »Wir alle sind aus Sternenstaub.«

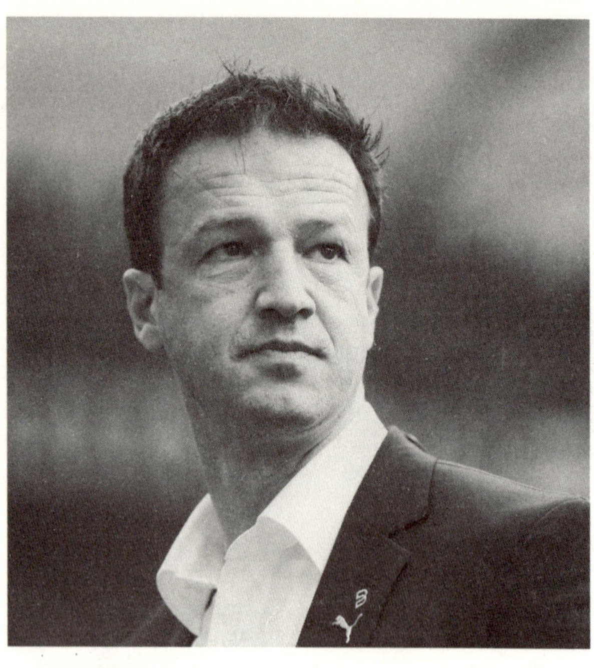

145

Im Juni 1971 erschütterte der Bundesligaskandal Fußballdeutschland. Mehr als ein halbes Dutzend Bundesligaspiele war betroffen, 52 Spieler, zwei Trainer und sechs Funktionäre wurden bestraft. Welcher Klub hatte zunächst mit einem erkauften Sieg am letzten Spieltag die Klasse gehalten?

Arminia Bielefeld **a**

1860 München **b**

Schalke 04 **c**

146

Welcher Regisseur sorgte einst mit seinem Treffer am letzten Spieltag für den Zweitligaaufstieg der SpVgg Erkenschwick?

Andreas Dresen **a**

Sönke Wortmann **b**

Dominik Graf **c**

147

Alle diese drei Schauspieler haben einen Oscar als »Bester Hauptdarsteller« gewonnen, aber nur einer hat in der A-Jugend eines europäischen Erstligisten gespielt – wer?

a Yul Brynner

b Laurence Olivier

c Maximilian Schell

148

Ex-Nationalspieler Maurizio Gaudino wurde 1994 unter dem Verdacht des Versicherungsbetrugs verhaftet, nachdem er zuvor einen TV-Auftritt absolviert hatte. Bei welchem Talkmaster war er zu Gast gewesen?

a Thomas Gottschalk

b Thomas Koschwitz

c Harald Schmidt

149

Welche englische Trainerlegende gewann 2018 die britische Ausgabe von »Ich bin ein Star – Holt mich hier raus!« und sicherte sich die Siegprämie von 500 000 Pfund (etwa 575 000 Euro)?

Roy Hodgson **a**
Steve McLaren **b**
Harry Redknapp **c**

150

In den Siebzigerjahren gab es mit Jägermeister bei Eintracht Braunschweig nicht nur den ersten Trikotsponsor der Liga, auch private Sponsoren sorgten für Kurioses. Zum Tragen welches Gegenstandes verpflichtete sich zum Beispiel Stuttgarts Profi Horst Köppel?

Haarteil **a**
Korsage **b**
Zahnspange **c**

ANTWORTEN

Die EM 2024

Wie heißt das Maskottchen der EM 2024 in Deutschland? 1

a Albärt. In einem Onlinevoting stimmten die meisten Menschen für den Namensvorschlag Albärt. Herzi von Bär oder Bärnardo mussten sich geschlagen geben.

Gegen wen setzte sich Deutschland bei der Bewerbung um die EM 2024 durch? 2

c Türkei. Mit 12 : 4 Stimmen setzte sich Deutschland bei der Entscheidung im UEFA-Exekutivkomitee gegen die Türkei durch.

Wo findet das Finale der EM 2024 statt? 3

a Berlin. Am 10. Mai 2022 gab die UEFA bekannt, dass das Eröffnungsspiel am 14. Juni in der Münchner Allianz Arena und das Endspiel am 14. Juli im Berliner Olympiastadion stattfinden wird.

4 **Welches Land holte sich 1992 als Nachrücker für das kurzfristig ausgeschlossene Jugoslawien den EM-Titel?**

a Dänemark. Ursprünglich waren die Dänen nicht für das Turnier qualifiziert, rückten aber für das sich im Bürgerkrieg befindliche Jugoslawien, den Ersten der Qualifikationsgruppe, nach. Im Finale bezwang das Team von Trainer Richard Møller Nielsen den Favoriten Deutschland 2 : 0.

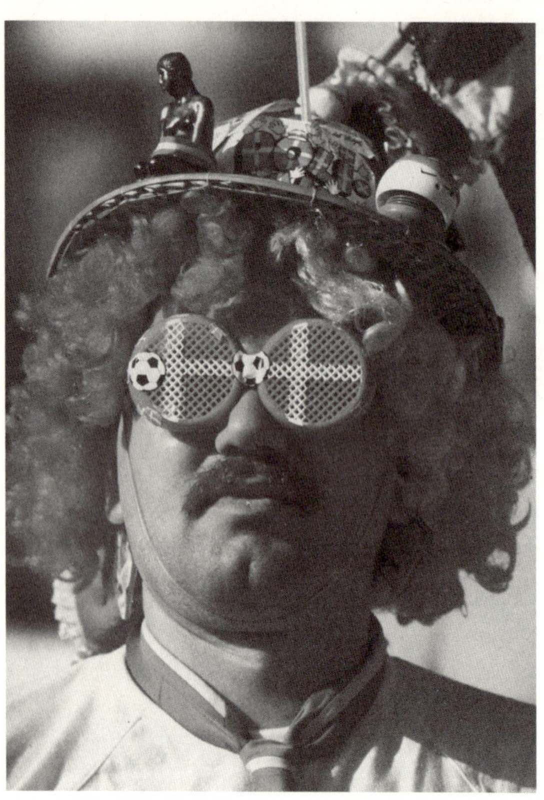

Wo wurden im Dezember 2023 die Gruppen für die EM 2024 ausgelost? 5

b Elbphilharmonie, Hamburg. Der DFB teilte im September 2020 mit, dass sich die UEFA und die Stadt Hamburg darauf geeinigt hätten, die sechs Vierergruppen mit 24 Teams in der Elbphilharmonie auszulosen.

Im EM-Finale 1992 zwischen Deutschland und Dänemark wechselte Bundestrainer Berti Vogts zwei Spieler ein, die ihre ersten Länderspiele noch für die DDR absolviert hatten. Wer waren die beiden? 6

a Thomas Doll und Andreas Thom. Thomas Doll wurde in der 46. Minute für Matthias Sammer eingewechselt, Andreas Thom kam in der 80. Minute für Stefan Effenberg. Die anderen genannten Spieler waren bei der EM 1992 nicht dabei.

Erst einmal ist eine DFB-Elf in der Qualifikation für ein großes Turnier gescheitert. Welches war das? 7

a EM 1968. In einer Dreiergruppe mit Jugoslawien und Albanien hätte den Deutschen am abschließenden Qualifikationsspieltag ein Erfolg in Albanien für den Gruppensieg genügt, nach einem 0:0 verpasste man allerdings das Finalturnier in Italien. Der Gruppenerste Jugoslawien gewann dort im Halbfinale gegen England 1:0

und musste sich im Finale Gastgeber Italien nach einem 1:1 nach Verlängerung erst im Wiederholungsspiel 0:2 geschlagen geben.

8 **Deutschland ist eine von zwei Nationen, die dreimal Europameister werden konnte. Wer ist die andere?**

c Spanien. Die Spanier holten 1964, 2008 und 2012 den EM-Titel.

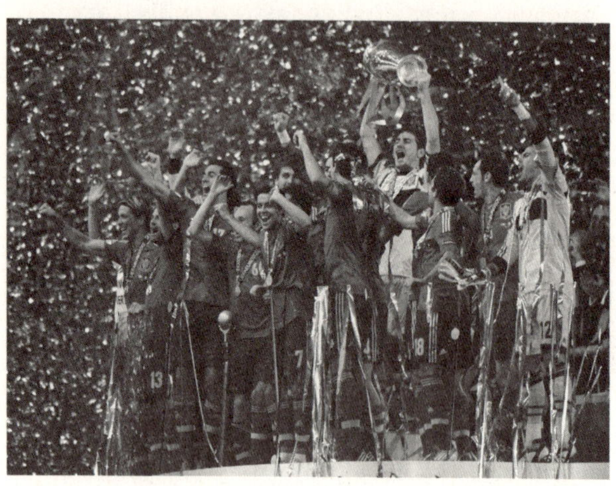

9 **Beim EM-Titelgewinn 1972 war Franz Beckenbauer Kapitän. 1996 nahm Jürgen Klinsmann als Erster den Pokal entgegen. Wer war aber Kapitän beim Erfolg 1980?**

b Bernard Dietz. Der Abwehrspieler des MSV Duisburg war Kapitän der DFB-Elf und nahm nach dem Finale in Rom den Pokal entgegen. Bei der WM zwei Jahre später war er nicht mehr dabei, er selbst sah seine Kritik am zurückgekehrten Paul Breitner als Grund dafür, dass er nach 53 Länderspielen nicht mehr nominiert wurde.

Was wurde bei der EM 1992 in Schweden eingeführt? 10

a Nachnamen auf den Trikots der Spieler. Beim Turnier in Schweden standen erstmals Namen auf der Rückseite der Trikots. In der Bundesliga gab es die Namen auf den Trikots ab der Saison 1995 / 1996.

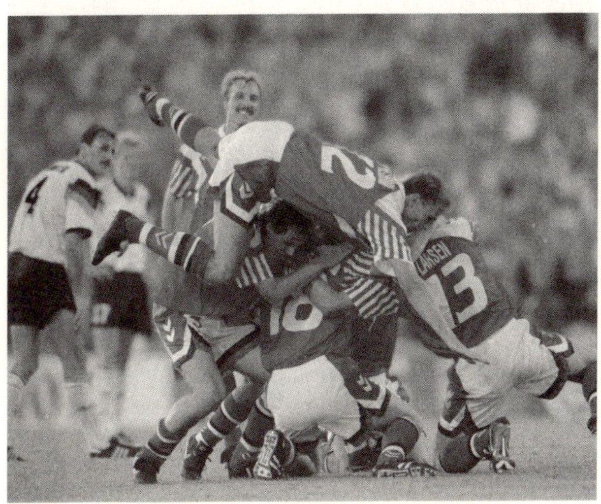

11 Wie der Vater, so der Sohn: Bei der EM 2021 erzielte ein italienischer Spieler einen Treffer, dessen Vater bereits bei der EM 1996 zu den Torschützen gehörte. Welchen Sohn suchen wir?

a Federico Chiesa. Federico Chiesa traf im EM-Halbfinale 2021 gegen Spanien, sein Vater Enrico hatte 25 Jahre zuvor in der Partie gegen Tschechien für Italien getroffen.

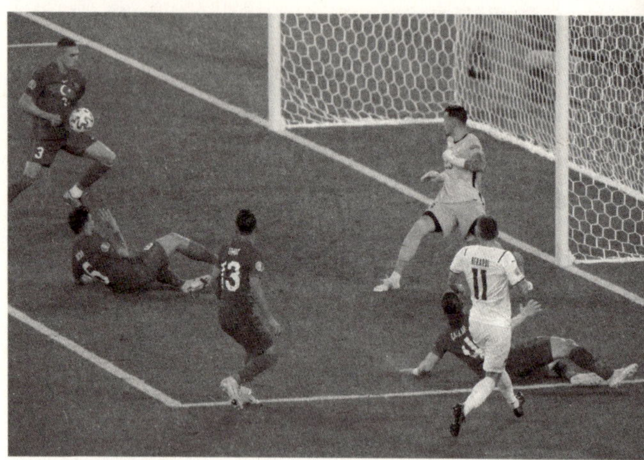

12 Nur einer dieser drei Europameister konnte sich für die folgende WM qualifizieren – welcher?

c UdSSR 1964. Die Sowjetunion erreichte bei dem WM-Turnier 1966 Rang vier. Die Dänen verpassten die Teilnahme 1994 und die Griechen 2006.

1996 wurden die deutschen Männer zum bisher letzten Mal Europameister. Welche dieser drei Nationen war dabei kein Gegner in der Gruppenphase? 13

b Kroatien. Kroatien war erst Gegner im Viertelfinale. Die deutsche Mannschaft gewann 2:1 und holte nach weiteren Siegen gegen England und Tschechien, gegen die man bereits das erste Turnierspiel bestritten hatte, den Titel.

Welcher deutsche Schiedsrichter leitete das EM-Finale 2004? 14

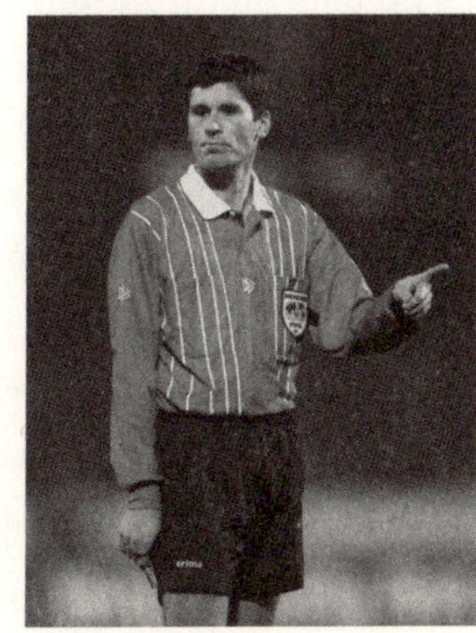

c Markus Merk. Merk war nach Rudi Glöckner 1970 der zweite Deutsche, der das Finale eines großen Turniers leiten durfte. Ein Jahr zuvor hatte Merk das Champions-League-Finale gepfiffen.

Wie hieß das Maskottchen der bislang letzten deutschen Heim-EM 1988? 15

a Berni. Der Hase in Fußballschuhen namens Berni war offizielles Maskottchen der EM 1988 in Deutschland.

Faszination Bundesliga

16 **Wie hieß der erste ausländische Torschützenkönig der Bundesligageschichte?**

a Jörn Andersen. Der Norweger Jörn Andersen wurde 1989 / 1990 erster ausländischer Torschützenkönig der Bundesliga. Für seinen Klub Eintracht Frankfurt erzielte er 18 Tore.

17 **Es ist eine der berühmtesten Szenen der Bundesligageschichte: 1969 wurde der Schalker Spieler Friedel Rausch während des Revierderbys bei Borussia Dortmund von einem Polizeihund in den Hintern gebissen. Wie hieß der Übeltäter?**

c Rex. Nach dem Schalker Führungstreffer wollte die Polizei die auf den Platz gelaufenen Fans vertreiben, Schäferhundrüde Rex biss allerdings S04-Profi Friedel Rausch in den Hintern. Der bekam eine Tetanusspritze und beendete die Partie. Die folgenden zwei Tage schlief er auf dem Bauch, eine Narbe blieb. Zum Rückspiel ließ sich Schalke-Boss Oskar Siebert etwas Besonderes einfallen: Er lieh sich zahme Löwenjunge aus, die die Gäste aus Dortmund bei der Seitenwahl an der Mittellinie einschüchtern sollten – natürlich an der Leine.

Mit 602 Einsätzen ist Karl-Heinz »Charly« Körbel der Rekordspieler der Bundesliga. Alle Partien bestritt er für nur einen Klub – welchen? 18

b Eintracht Frankfurt. Körbel spielte von 1972 bis 1991 für Eintracht Frankfurt in der Bundesliga und kam dabei auf 602 Einsätze. Den 603. zum Ende seiner Karriere gab es nicht mehr – er verpasste den letzten Spieltag der Saison 1990 / 1991 im heimischen Stadion wegen einer Gelbsperre.

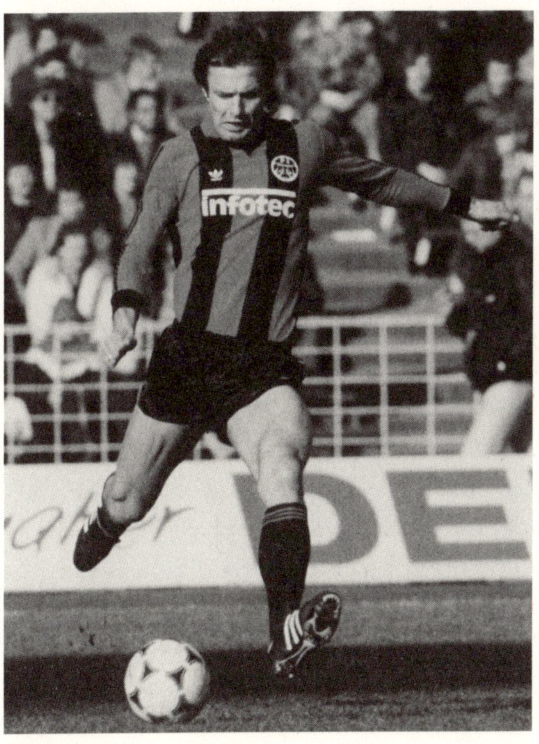

19 **1950 erhielt der 1. FC Köln zu Karneval einen Geißbock geschenkt, der fortan als Maskottchen des Klubs wirken sollte. Wie hieß das Tier?**

a Hennes. FC-Kicker Hennes Weisweiler, Jahrgangsbester des ersten DFB-Trainerlehrgangs, hatte den FC im Sommer 1949 zusätzlich auch als Trainer übernommen und war Namensgeber des Geißbocks. Es war die erste von drei Trainerzeiten Weisweilers beim FC, die letzte endete 1980.

20 **Dieser Schiedsrichter war eine der schillerndsten Figuren der Bundesliga. Wie hieß er?**

a Wolf-Dieter Ahlenfelder. Wolf-Dieter Ahlenfelder leitete zwischen 1975 und 1988 mehr als 100 Bundesligaspiele. In Erinnerung blieb vor allem sein Auftritt bei der Partie zwischen Werder Bremen und Hannover 96 (0:0), als der angetrunkene Ahlenfelder die erste Halbzeit bereits nach 32 Minuten abpfiff. Nach Protesten ließ er dann doch weiterspielen und pfiff schließlich 90 Sekunden vor Ablauf der regulären Spielzeit endgültig zur Halbzeit. Ahlenfelder starb 2014 im Alter von 80 Jahren.

Der Zuschauerrekord der Bundesligageschichte wurde im Berliner Olympiastadion aufgestellt. Am 26. September 1969 wollten 88 075 Besucher ein Heimspiel von Hertha BSC sehen – wer war der Gegner? 21

c 1. FC Köln. Der Zuschauerrekord wurde bei einem Heimspiel gegen den 1. FC Köln aufgestellt. 1:0 für die Hertha endete das Spitzenspiel, am Ende der Saison wurden die Berliner Dritter, der FC Vierter.

Bislang wurde noch nie ein Spieler Bundesliga-Torschützenkönig, der bei einem Absteiger spielte. Allerdings einmal einer, der mit seinem Klub RW Oberhausen auf dem 16. Platz landete. Wer war es? 22

b Lothar Kobluhn. Kobluhn erzielte 1970 / 1971 24 der 54 Saisontreffer von RW Oberhausen, das sich als 16. mit einem Treffer Vorsprung in der Tordifferenz den Klassenerhalt vor Kickers Offenbach sichern konnte.

Wer hat als einziger Klub nur 30 Spiele in der Bundesliga absolviert? 23

b Preußen Münster. Preußen Münster bestritt seine einzige Bundesligasaison in der Eröffnungsspielzeit 1963 / 1964, in der die Liga nur aus 16 Mannschaften bestand. Ab 1965 / 1966 wurde auf 18 Teams aufgestockt, jedes Team bestritt also mindestens 34 Partien pro Saison.

24 **1987 schrieb Toni Schumacher eine Biografie mit Folgen: Er verlor seinen Platz im Tor der Nationalmannschaft und musste seinen Klub, den 1. FC Köln, verlassen. Wie hieß das Buch?**

a Anpfiff. Das Buch hieß »Anpfiff. Enthüllungen über den deutschen Fußball«. Darin berichtete Schumacher unter anderem von Alkoholeskapaden bei der Nationalelf und von gängiger Dopingpraxis in der Bundesliga. Der Aufschrei der Empörung war groß. Zur folgenden Spielzeit führte der DFB allerdings Dopingkontrollen ein.

25 **Welcher Trainer trat 1974 noch an seinem ersten Arbeitstag als Coach von Hertha BSC zurück?**

a Dettmar Cramer. Über den Grund hat Cramer nie öffentlich gesprochen. Die wahrscheinlichste Version dürfte jedoch sein, dass er entgegen einer Absprache mit dem im Zuge des Bundesligaskandals gesperrten Wolfgang Holst zusammenarbeiten sollte. Zahlreiche Profis und Funktionäre waren damals in Spielabsprachen verwickelt.

Welcher der folgenden Klubs war kein Gründungsmitglied der Bundesliga? 26

a Alemannia Aachen. Gesucht ist Alemannia Aachen. Während Braunschweig und Karlsruhe 1963 / 1964 zu den Gründungsmitgliedern gehörten, spielten die Aachener erst 1967 / 1968 erstmals in der noch jungen Bundesliga.

Wer war der erste Bundesligaspieler, der wegen eines Verstoßes gegen die Dopingregeln gesperrt wurde? 27

c Roland Wohlfarth. Der Bundesliga-Torschützenkönig der Jahre 1989 und 1991 und fünfmalige Meister mit dem FC Bayern wurde im Frühjahr 1995 wegen der Einnahme eines Norephedrin enthaltenden Appetitzüglers verurteilt. Der damalige Bochumer musste zwei Monate pausieren.

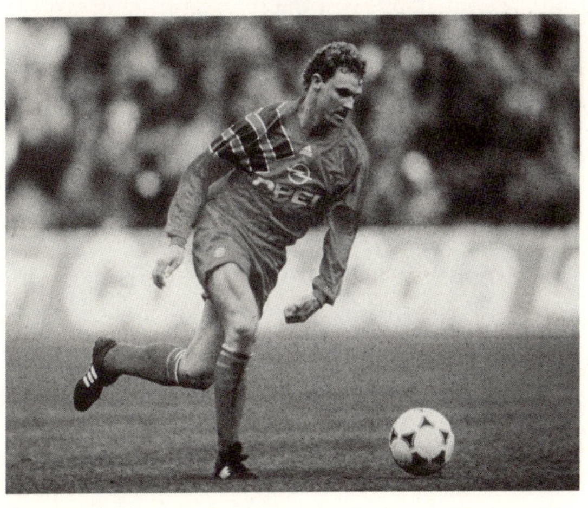

28 **Welche Entscheidung war 1990 bereits beschlossen und wurde durch den Beitritt der ostdeutschen Länder nie umgesetzt?**

a Reduzierung der Liga auf 16 Teams. Beschlossen war bereits die Reduzierung der Liga auf 16 Teams. Nach der Wiedervereinigung ging es in die andere Richtung: 1991 / 1992 spielte die Bundesliga einmalig mit 20 Teams, da zwei Ostvertreter integriert wurden. Dresden hielt die Klasse, Rostock stieg ab.

29 **Wie heißt der Profi, der als Einziger für sieben Bundesligaklubs einen Treffer erzielte?**

c Michael Spies. Spies traf in den Achtziger- und Neunzigerjahren für den VfB Stuttgart, den Karlsruher SC, Borussia Mönchengladbach, Hansa Rostock, den Hamburger SV, Dynamo Dresden und den VfL Wolfsburg.

30 **1977 hatte Franz Beckenbauer die Bayern Richtung New York verlassen, 1980 kehrte er zum Hamburger SV zurück. Was passierte bei seinem ersten Einsatz für den HSV?**

a Er war so überrascht von seiner Einwechslung zur zweiten Hälfte, dass das Spiel bereits 60 Sekunden lief, bis er spielbereit war. Es war Beckenbauers erste Einwechslung seiner Laufbahn. In der Halbzeit war er davon so überrascht, dass er erst nach einer Minute auf den Platz kam, als das Spiel schon lief.

Fußball international

Wer ist der einzige Klub, der seit Gründung der Serie A ununterbrochen in der höchsten italienischen Liga spielt? 31

b Inter Mailand. Inter Mailand ist der einzige Klub, der seit Gründung der Serie A im Jahr 1929 ununterbrochen in der höchsten italienischen Liga spielt.

Welcher Fußballstar brachte ein Buch heraus, in dem zahlreiche Witze über ihn gesammelt sind? 32

c Francesco Totti. Der Weltmeister von 2006 brachte »Alle Witze über Totti« heraus, der Erlös ging an UNICEF.

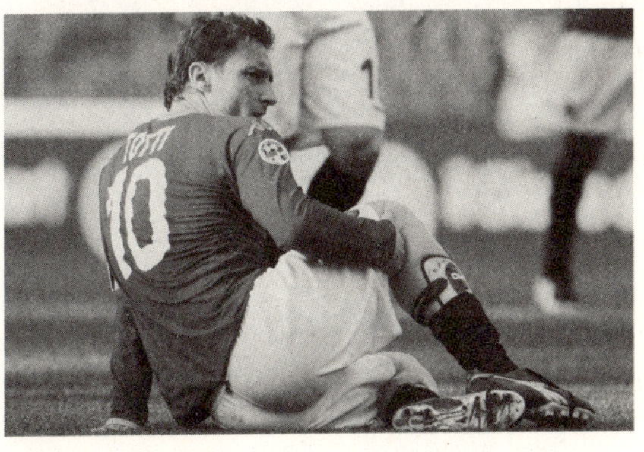

33 **In welchem Land standen alle Klubs schon einmal im Pokalfinale?**

c Liechtenstein. Alle sieben Klubs des Liechtensteiner Fußballverbands standen bereits in einem Finale des nationalen Pokals.

34 **In der Geschichte der italienischen Serie A gelang es nur einem Deutschen, Torschützenkönig zu werden – wer ist gesucht?**

a Oliver Bierhoff. Bierhoff erzielte in der Saison 1997 / 1998 im Trikot von Udinese Calcio 27 Treffer und sicherte sich damit den Titel als bester Torschütze der Serie A. In Italien spielte er zudem noch für Ascoli Calcio, Chievo Verona und die AC Mailand.

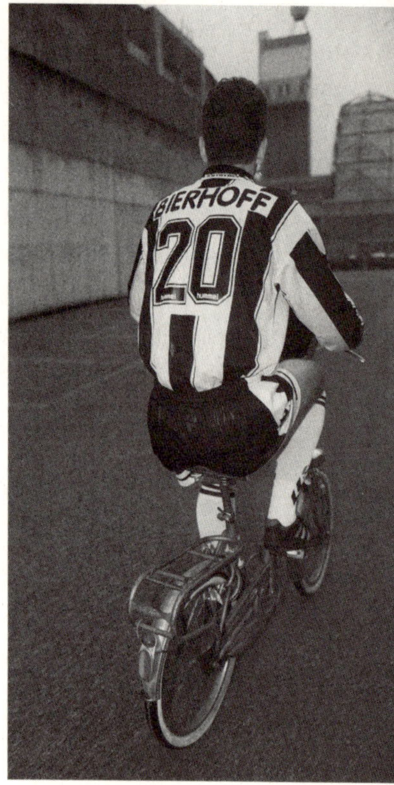

»Mailand oder Madrid – Hauptsache Italien«. Diese Aussage wird Weltmeister Andreas Möller zugeschrieben und soll im Jahr 1992 gefallen sein. Aber wohin wechselte Möller denn dann tatsächlich zur Saison 1992 / 1993? 35

a Juventus. Im Sommer 1992 wechselte Möller dann weder nach Madrid noch nach Mailand, sondern schloss sich dem Turiner Klub Juventus an. Mit dem Klub gewann er 1993 den UEFA-Pokal, einer von zahlreichen Titeln in der Karriere Möllers: 1990 wurde er Welt-, 1996 Europameister, 1997 gewann Möller mit Borussia Dortmund die Champions League und holte den Weltpokal. Dazu kamen mehrere nationale Meisterschaften und Pokalsiege. Für Madrid oder Mailand spielte er allerdings nie, ein nationaler Titel in Italien oder Spanien fehlt in seiner Titelliste. Und das Zitat? Einen Beleg dafür gibt es nicht, auch Möller kann sich nicht daran erinnern, den Satz jemals gesagt zu haben.

Pelé wurde dreimal mit Brasilien Weltmeister, das erste Mal 1958 als 17-Jähriger. Bei welchem Klub spielte einer der besten, wenn nicht der beste Fußballer der Geschichte von 1956 bis 1974? 36

c FC Santos. In seiner Zeit beim FC Santos gewann Pelé mehr als zwei Dutzend nationale Titel. Nach seinem eigentlichen Karriereende lief er ab 1975 noch einmal zwei Jahre in der nordamerikanischen Fußball-Liga für Cosmos New York auf. Der dreimalige Weltmeister erzielte in 92 Länderspielen 77 Tore, in seiner kompletten Karriere waren es weit mehr als 1000.

37 **Was war am Meistertitel 1998 des schwedischen Klubs AIK Solna so besonders?**

a AIK erzielte die wenigsten Tore aller Teams. AIK holte den Titel mit 25 Treffern in 26 Partien. Allerdings kassierte es auch nur 15 Gegentreffer. Insgesamt wurde der Klub zwölfmal schwedischer Meister.

38 **Welcher Klub wurde 2023 erstmals polnischer Meister?**

b Raków Częstochowa. Der Klub spielt seit 2019 / 2020 in der höchsten polnischen Liga und wurde 2021 und 2022 bereits Pokalsieger. In der Saison 2022 / 2023 folgte der erste Meistertitel.

39 **Einmal war der FC Kilmarnock schottischer Meister, dreimal holte er den Pokal, zuletzt 1997. Spektakulärer als die sportliche Bilanz ist das Wappen des Klubs. Was ist darauf zu sehen?**

b Zwei an einen Ball lehnende Eichhörnchen. Seit 1993 sind die beiden Teil des Wappens. Auch das Maskottchen des Klubs ist ein Eichhörnchen. Der Legende nach kamen sich Fußballer und Tiere näher, nachdem eine Vielzahl von auf dem Vereinsgelände lebenden Eichhörnchen entdeckt wurde.

1983 war die Meisterschaft in Belgien gekauft. Den Sieg am 34. Spieltag gegen KSV Thor Waterschei ließ sich der Champion umgerechnet 11 000 Euro kosten. Wer war der Klub, der sich den Titel mit unlauteren Mitteln sicherte? 40

c Standard Lüttich. Verwickelt darin waren unter anderem Torhüterlegende Michel Preud'homme und Trainer Raymond Goethals, der 1978 mit dem RSC Anderlecht den Europapokal der Pokalsieger gewonnen hatte. Preud'homme wurde zunächst für drei Jahre gesperrt, Goethals musste den Klub verlassen.

Wessen Sohn spielte in der italienischen Serie A? 41

b Muammar al-Gaddafi. Muammar al-Gaddafis Sohn as-Saadi bestritt 2004 15 Erstligaminuten für Perugia, ein Jahr später kam er zu einem elfminütigen Einsatz für Udinese Calcio.

42 Welche Seltenheit hat Hélder Costa, Ex-Angreifer des FC Valencia, hinbekommen?

c Er hat für zwei Nationen beim jeweiligen Länderspieldebüt getroffen. Bei seinem Länderspieldebüt für Portugal erzielte er prompt einen Treffer, wurde in der Folge aber nicht mehr nominiert. So wechselte er zum Verband von Angola, für den er beim ersten Einsatz in der WM-Qualifikation in Ägypten ebenfalls treffen konnte. Er ist erst der dritte Spieler der Länderspielgeschichte, dem dies gelang.

43 Celtic oder Rangers, Rangers oder Celtic – seit mehr als 35 Jahren teilen die beiden Glasgower Vereine die Meisterschaft in Schottland unter sich auf. Wer war der letzte Klub, der 1985 die Meisterschaft in eine andere Stadt als Glasgow holen konnte?

a FC Aberdeen. Der FC Aberdeen holte 1984 und 1985 mit Trainer Alex Ferguson, dem späteren Coach von Manchester United, den Titel. 1983 war der FC Aberdeen unter Ferguson nach einem Finalsieg gegen Real Madrid Europapokalgewinner der Pokalsieger geworden.

Für welchen dieser Klubs hat Ronaldinho als Teenager einige Spiele in der U14-Mannschaft absolviert? 44

c FC Sion. Sein älterer Bruder Roberto Assis spielte als Profi Anfang der Neunzigerjahre beim Schweizer Klub FC Sion. Ronaldinho absolvierte zwischen 1993 und 1994 dort einen Sprachaufenthalt und spielte in dieser Zeit auch einige Male für die C-Junioren (U14) des FC Sion.

Francesco Janich war ein italienischer Abwehrspieler der alten Schule. Wie viele Serie-A-Partien bestritt er, ohne auch nur ein Tor zu erzielen? 45

c 425. Der sechsmalige italienische Nationalspieler und WM-Teilnehmer von 1962 und 1966 absolvierte zwischen 1956 und 1972 insgesamt 425 Partien in der Serie A für Atalanta, Lazio Rom und den FC Bologna, ohne einen Treffer zu erzielen.

Die deutsche Nationalelf

46 **Das Halbfinale 1982 zwischen Deutschland und Frankreich gilt als eines der größten Spiele der WM-Geschichte. Wer verwandelte den entscheidenden Elfmeter zum 8:7-Sieg der Deutschen?**

a Horst Hrubesch. Uli Stielike hatte als dritter deutscher Schütze verschossen. Nachdem Toni Schumacher zwei Elfmeter gehalten hatte, verwandelte Horst Hrubesch den sechsten deutschen Versuch zum Sieg. Aus dem Feld heraus traf Hrubesch bei der WM 1982 nur einmal: Er erzielte den einzigen Treffer beim 1:0-Skandalsieg gegen Österreich.

47 **Miroslav Klose erzielte bei der WM 2002 fünf Tore. Welche Aussage dazu stimmt?**

a Er erzielte alle per Kopf. Alle fünf Klose-Treffer bei der WM 2002 waren Kopfballtreffer, allein drei beim 8:0 gegen Saudi-Arabien.

Welcher Weltmeister von 1974 musste erst die Staatsbürgerschaft wechseln, um den Titel mit Deutschland holen zu können? 48

b Rainer Bonhof. Bonhof war ursprünglich Niederländer und wurde erst 1970 eingebürgert. Kurios: Bereits zuvor hatte er sein Debüt in der deutschen Juniorennationalmannschaft gegeben, ohne für diese spielberechtigt gewesen zu sein. Der Gegner in jenem Spiel: die Niederlande. Der viermalige Deutsche Meister Bonhof, der 53 Länderspiele bestritt, war der erste eingebürgerte Nationalspieler.

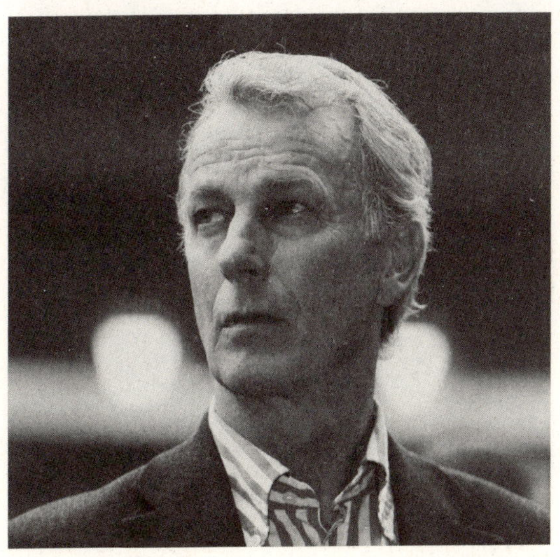

49 **1954, 1974, 1990, 2014 – viermal wurde die deutsche Fußballnationalmannschaft Weltmeister. Dazu erreichte sie noch 1966, 1982, 1986 und 2002 das Finale und unterlag. Gegen welches Land traten die Deutschen gleich dreimal in einem Endspiel an?**

a Argentinien. Gegen Argentinien unterlag man 1986 2:3 und gewann 1990 (1:0) und 2014 (1:0 nach Verlängerung).

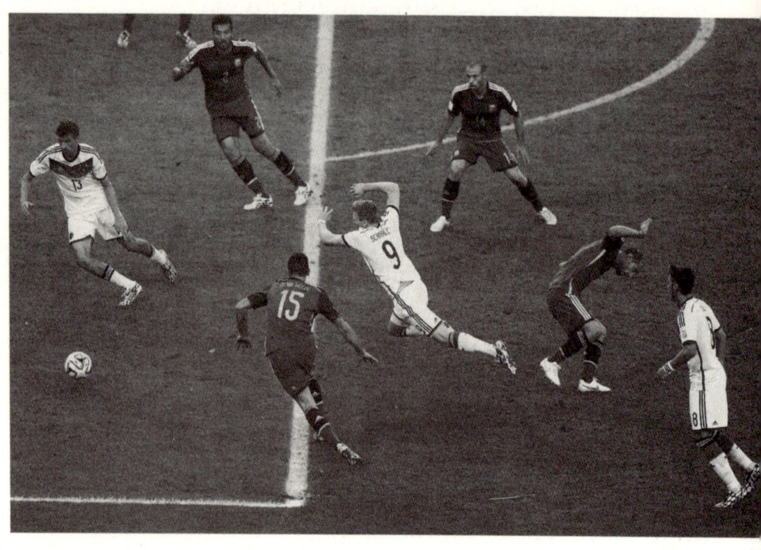

Bei der WM 1994 wurde Stefan Effenberg frühzeitig aus den USA nach Hause geschickt. Warum? 50

b Er hatte den deutschen Fans den Mittelfinger gezeigt. Beim letzten deutschen Gruppenspiel gegen Südkorea hatten deutsche Fans immer wieder »Effenberg raus« skandiert, als er dann schließlich ausgewechselt wurde, erhob der Mittelfeldspieler den Mittelfinger in Richtung des deutschen Anhangs. Der DFB war außer sich, Präsident Egidius Braun bestand auf der Heimreise Effenbergs. Der zog jedoch erst einmal ein paar Tage in ein nahe gelegenes Hotel, gab genüsslich Interviews und veranstaltete eine Grillparty. Mit der Zeit kam die Reue: »Es war eine Überreaktion, die mir jetzt im Nachhinein leidtut«, so Effenberg.

Im Oktober 2019 musste ein deutscher Spieler wegen einer Notbremse bereits in der 14. Minuten vom Platz. Wer kassierte im EM-Qualifikationsspiel in Estland die früheste Rote Karte der DFB-Geschichte in einem Länderspiel der A-Nationalmannschaft? 51

c Emre Can. Trotz der frühen Roten Karte gewann Deutschland die Partie in Estland 3:0. Can wurde für ein Spiel gesperrt und stand einen Monat später beim 6:1 gegen Nordirland schon wieder 90 Minuten auf dem Platz.

52 Mit 18 Jahren und 27 Tagen wurde Jamal Musiala im März 2021 zum jüngsten deutschen Nationalspieler seit mehr als 65 Jahren. Wer war bei seinem Debüt im Oktober 1954 noch jünger?

c Uwe Seeler. Seeler war bei seinem Debüt im Oktober 1954 17 Jahre und 345 Tage alt. Sein letztes Länderspiel absolvierte er knapp 16 Jahre später bei der WM 1970 in Mexiko.

53 Sepp Maier und Manuel Neuer sind zwei von drei Torhütern, die bei vier Weltmeisterschaften im deutschen Kader standen. Wer ist der dritte?

a Oliver Kahn. Kahn war 1994, 1998, 2002 und 2006 Teil des deutschen WM-Kaders, als Nummer eins ging er allerdings nur 2002 ins Turnier.

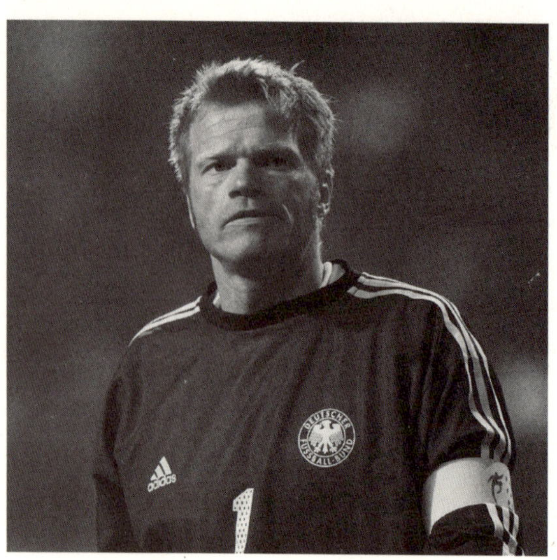

Joachim Löw trainierte die deutsche Nationalmannschaft in 198 Partien. Gegen welche Nation verlor er dabei am häufigsten? 54

c Frankreich. Gegen Frankreich verlor Deutschland in Löws Amtszeit fünfmal, gegen Argentinien und England jeweils dreimal.

Wer war bis 1970 mit 71 Einsätzen im Nationaldress deutscher Rekordnationalspieler, bevor er von Uwe Seeler überholt wurde? 55

b Paul Janes. Janes absolvierte bis 1942 71 Länderspiele und wurde erst 1970 von Uwe Seeler überholt. Mittlerweile ist Lothar Matthäus mit 150 Einsätzen DFB-Rekordspieler.

Welcher deutsche Nationaltrainer hat im Schnitt die meisten Punkte pro Spiel geholt? 56

c Berti Vogts. Vogts hat im Schnitt 2,20 Punkte geholt, Derwall 2,17. Schön liegt mit 2,09 auf Augenhöhe mit Löw, Franz Beckenbauer ist mit 1,87 Punkten Siebter, allerdings immer noch einen Platz vor Sepp Herberger (1,86).

57 **Wessen letztes Länderspiel als Nationaltrainer wurde nach 60 Minuten abgebrochen?**

c Helmut Schön. Nach der enttäuschend verlaufenen WM 1978 wurde Schön im Herbst jenes Jahres beim Länderspiel gegen Ungarn verabschiedet. Aufgrund dichten Nebels musste die Partie jedoch nach einer Stunde abgebrochen werden. Ein unglücklicher Abschluss der DFB-Karriere des Weltmeistertrainers von 1974.

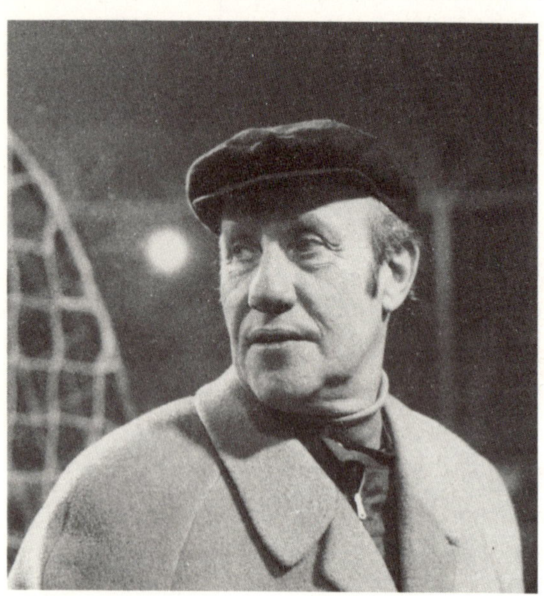

Weniger Länderspielminuten als er stand kein DFB-Nationalspieler jemals auf dem Platz. Wie heißt der Zwei-Minuten-Mann? 58

b Bernd Martin. In der Bundesliga spielte Martin in den Siebziger- und Achtzigerjahren für den VfB Stuttgart und den FC Bayern, im Nationalteam wurde er bei seinem einzigen Einsatz 1979 im EM-Qualifikationsspiel in Wales in der 88. Minute eingewechselt. Martin starb 2018 im Alter von 63 Jahren.

Welcher spätere DFB-Präsident war auch Nationalspieler? 59

a Peco Bauwens. Bauwens, von 1950 bis 1962 DFB-Präsident, hatte 1910 ein Länderspiel absolviert. Zudem war er als Schiedsrichter bei mehr als 80 Länderspielen im Einsatz.

Die Bender-Zwillinge Lars und Sven waren das zweite Zwillingspaar, das gemeinsam in der Nationalelf spielte. Wer war das erste? 60

c Erwin und Helmut Kremers. Als erstes Zwillingspaar seit den Schalkern Erwin und Helmut Kremers am 17. April 1974 (5:0 gegen Ungarn) standen Sven und Lars Bender 2013 beim Spiel gegen die USA gemeinsam in der Startelf der deutschen Nationalmannschaft.

Reif für die Insel

61 **Sensationell wurde Leicester City 2016 Meister der Premier League. Welche Summe erhielt ein Wetter beim Anbieter Ladbrokes, der vor der Saison ein Pfund auf Leicester gesetzt hatte?**

c 5000. 5000 : 1 lautete die damalige Quote, die bereits im September 2015 auf 1500 : 1 reduziert wurde. Die drei größten Wettanbieter mussten umgerechnet knapp zehn Millionen Euro an »Meisterprämien« für die wettenden City-Fans ausgeben.

62 **Welchen Rekord stellte der FC Chelsea in der Saison 2021 / 2022 unter Trainer Thomas Tuchel auf?**

c Sie lagen in 38 Spielen nie zur Halbzeit in Rückstand. Der FC Chelsea war 2021 / 2022 der erste Klub der Premier-League-Geschichte, der eine ganze Saison über nie zur Halbzeit hinten lag.

Welche Europameisterin von 2022 ist nach dem Turnier aus England in die Bundesliga gewechselt?

b Georgia Stanway. Stanway wechselte von Manchester City zum FC Bayern München und unterschrieb dort einen Dreijahresvertrag. Die 23-Jährige hatte im Sommer 2022 mit dem englischen Team den EM-Titel geholt. Stanway kam dabei in allen Turnierspielen der »Lionesses« zum Einsatz und erzielte zwei Treffer.

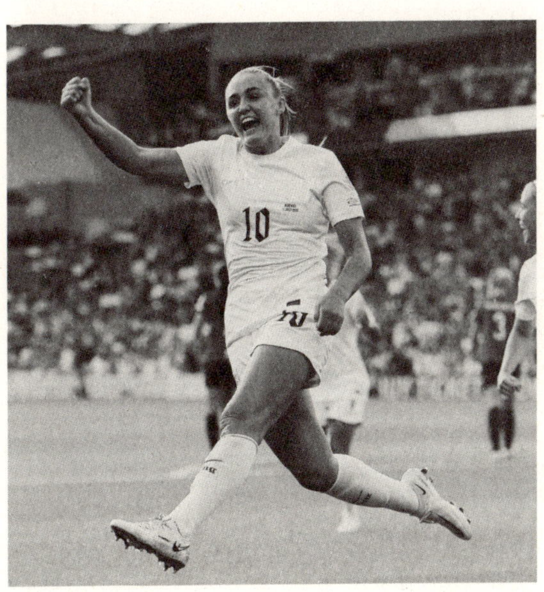

64 **Wer war beim FC Watford von Mitte der Siebziger- bis Anfang der Nullerjahre als Mäzen und lange Jahre auch als Präsident tätig?**

a Elton John. Von 1976 bis 1987 und dann wieder von 1997 bis 2002 stand Elton John an der Spitze des Klubs, an dem er zwischenzeitlich auch die Mehrheitsanteile hielt. In seine Zeit beim Klub fiel auch die einzige Europapokalsaison des Klubs: 1983 / 1984 spielte Watford im UEFA-Pokal und setzte sich dort in der ersten Runde gegen den 1. FC Kaiserslautern durch.

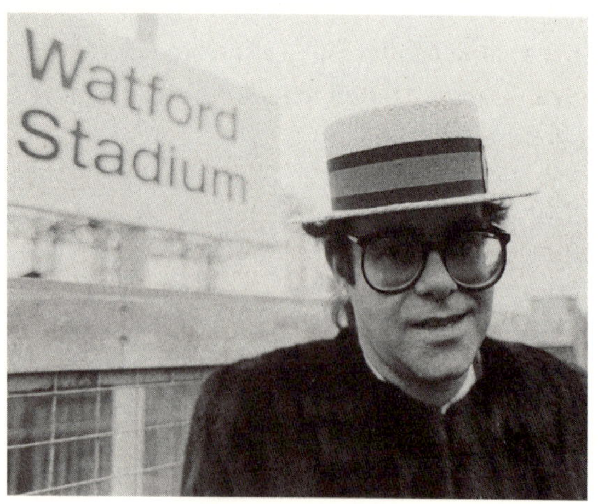

Welcher Klub gewann häufiger den Europapokal der Landesmeister als den Meistertitel in England? 65

b Nottingham Forest. 1978 wurde Nottingham Forest zum ersten und bislang einzigen Mal englischer Meister und durfte dadurch am Europapokal der Landesmeister teilnehmen, den man 1979 1:0 gegen Malmö FF gewann. Als Titelverteidiger war man in der Folgesaison erneut startberechtigt – und Nottingham Forest holte zum zweiten Mal den Titel. Im Finale besiegten die Engländer den Hamburger SV 1:0.

Welcher englische Klub hat die meisten Erstligasiege in der Regentschaft von Elizabeth II. eingefahren? 66

c Manchester United. Manchester United hat in der 70-jährigen Amtszeit von Königin Elizabeth II. (1952 bis 2022) die meisten Erstligasiege geholt. Unter ihrem Vorgänger, George VI., waren es die Wolverhampton Wanderers.

67 **Die Premier League wurde mit der Saison 1992 / 1993 eingeführt und löste die First Division als höchste Spielklasse ab. Wie viele englische Trainer konnten in den ersten 30 Jahren die Meisterschaft erringen?**

a Null. Die besten Resultate von englischen Trainern waren zwei Vizemeisterschaften: Ron Atkinson mit Aston Villa 1993 und Kevin Keegan mit Newcastle United drei Jahre später.

68 **In welchem Klub-Logo kommt weder eine Zahl noch ein Buchstabe vor?**

c Wolverhampton Wanderers. Das Logo ohne Zahl und Buchstabe gehört den Wolverhampton Wanderers. Es zeigt einen stilisierten schwarzen Wolfskopf auf orangem Hintergrund.

69 **Stefan Ortega wechselte im Sommer 2022 von Bundesligaabsteiger Arminia Bielefeld zu Manchester City. Vor ihm spielten bereits zwei deutsche Torhüter bei City: Bert Trautmann wurde zwischen 1949 und 1964 zur Klublegende, aber wer war der andere gesuchte Schlussmann?**

c Eike Immel. Immel absolvierte zwischen 1995 und 1997 40 Pflichtspiele für den Klub, Uwe Rösler und Michael Frontzeck waren dabei Mannschaftskollegen des ehemaligen

Nationaltorhüters, der zudem 534 Bundesligaspiele für Borussia Dortmund und den VfB Stuttgart bestritt.

Von 1977 bis 1983 ging der Europapokal der Landesmeister sechsmal in Folge nach England. Welcher Klub gehörte nicht zu den Titelträgern? 70

c Manchester United. Liverpool gewann 1977, 1978 und 1981 und Aston Villa 1982. Dazu gewann Nottingham Forest 1979 und 1980. United holte den Titel erstmals 1999.

Welche dieser Aussagen über Fußballklubs aus London ist wahr? 71

c Mehr Londoner Klubs haben den Europapokal der Pokalsieger gewonnen als die Meisterschaft in England. Meister wurden bislang nur Arsenal, Chelsea und Tottenham, den Europapokal der Pokalsieger gewann neben diesen dreien auch noch West Ham United.

72 **Seit 1992 / 1993 heißt die höchste englische Liga Premier League, und in ihrer Geschichte musste erst einmal ein Team 100 Gegentore hinnehmen. Wer stellte in der Saison 1993 / 1994 diesen Minusrekord auf?**

c Swindon Town. Mit einem Torverhältnis von 42:100 stieg der Klub als Letzter ab. Den 100. Gegentreffer kassierte Swindon Town in der 90. Minute des finalen Saisonspiels gegen Leeds United.

73 **Manchester United gewann das Champions-League-Finale 1999 gegen den FC Bayern München durch späte Tore zweier Einwechselspieler. Für wen waren Teddy Sheringham und Ole Gunnar Solskjær aufs Feld gekommen?**

b Jesper Blomqvist und Andy Cole. Sheringham war in der 67. Minute für Blomqvist aufs Feld gekommen, Solskjær wurde in der 81. Minute für Cole eingewechselt.

74 **Bei der Begegnung zwischen West Ham United und Newcastle United erzielte West Hams Verteidiger Alvin Martin 1986 einen Hattrick. Was war an diesem so besonders?**

a Bei jedem Treffer stand ein anderer Torhüter im Kasten. Den ersten Treffer erzielte Innenverteidiger Martin gegen den regulären Schlussmann des

Gegners, der nach seiner Verletzung von zwei Feldspielern, Chris Hedworth und Peter Beardsley, abgelöst wurde.

1997 waren David Beckham und Spice Girl Victoria das aufregendste junge Promipaar Großbritanniens. Heirat und die Geburt ihrer vier Kinder standen noch aus, aber die beiden waren bereits stolze Besitzer zweier Hunde mit ebenfalls prominenten Namen. Wie hießen sie? 75

b Puffy und Snoop. Sean Combs alias Puff Daddy war in jenem Jahr mit dem Album »No Way Out« durchgestartet, Snoop Doggs Durchbruchalbum »The Doggfather« war im Jahr zuvor erschienen. Gute Hip-Hop-Hundepaten-Namen.

Kurioses und Rekorde

In der Liste der Deutschen Meister findet sich auch ein Fußballklub aus ... 76

b Wien. Der SK Rapid Wien holte sich in der Saison 1940 / 1941 durch ein 4 : 3 gegen Schalke 04 im Finale im Berliner Olympiastadion den Titel. Bereits am 8. Januar 1939 hatte sich der Klub den Gewinn des Tschammer-Pokals, des Vorläufers des DFB-Pokals, gesichert.

77 **Welcher Angreifer traf für sechs Bundesligaklubs in mindestens einer Saison zweistellig?**

b Bruno Labbadia. Labbadia erzielte für Kaiserslautern, Bremen, Bielefeld, Köln, den HSV und den FC Bayern jeweils zehn oder mehr Tore in einer Spielzeit.

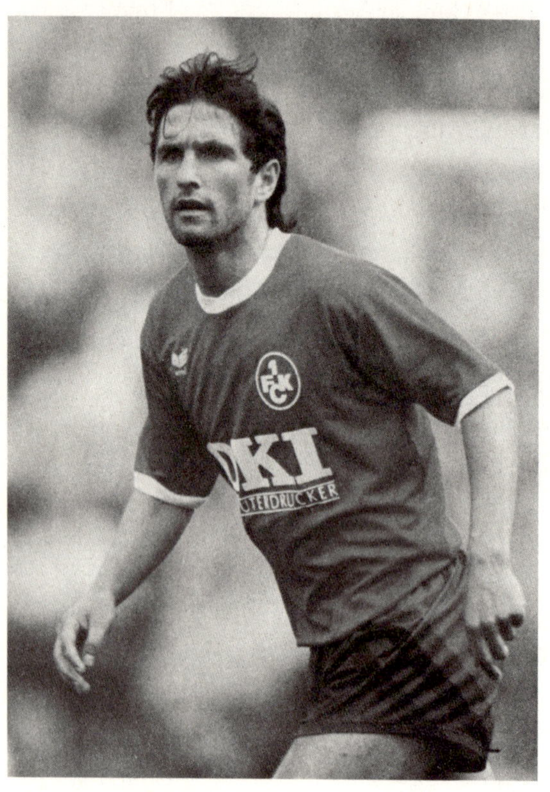

Der italienische Angreifer Igor Protti schrieb 2003 in seinem Heimatland Fußballgeschichte. Was gelang ihm als Erstem? 78

a Als Erster in den drei höchsten Ligen des Landes Torschützenkönig zu werden. 1996 war er Torschützenkönig der Serie A, 2002 in der Serie C und 2003 in der Serie B.

Was machte die Teilnahme des TSV Gerbrunn am DFB-Pokal 2003 / 2004 so besonders? 79

b Der Klub nahm als Neuntligist am Wettbewerb teil, in einer niedrigeren Klasse spielte noch nie ein Teilnehmer im DFB-Pokal. Die Franken spielten im August 2003 als Neuntligist die erste Runde gegen Wacker Burghausen. Qualifiziert hatte sich der Klub noch als Mitglied der Bayernliga, im Sommer stieg der TSV aber freiwillig in die Kreisklasse ab. Die Partie gegen Burghausen endete 0:14.

Brian Savill erzielte beim 1:18 von Wimpole gegen Earls Colne 2002 den Ehrentreffer für das unterlegene Team. Anschließend wurde er wegen dieses Tores gesperrt. Warum? 80

a Er war Schiedsrichter der Partie. Savill traf per herrlichem Volleyschuss. Der Verband sperrte den Unparteiischen daraufhin für knapp zwei Monate.

81 **Welche dieser drei Aussagen über RW Essen ist wahr?**

a Als Deutscher Meister 1955 war RW Essen der erste DFB-Vertreter im Europapokal der Landesmeister. Im Juni 1955 wurde RWE durch ein 4:3 gegen den 1. FC Kaiserslautern zum ersten und einzigen Mal Deutscher Meister. Als solcher durfte man auch bei der ersten Austragung des Europapokals der Landesmeister teilnehmen, flog aber bereits in der ersten Runde gegen Hibernian Edinburgh raus. Ebenso wie der 1. FC Saarbrücken, der als Vertreter des damals noch eigenständigen saarländischen Fußballverbands antrat.

82 **In der Saison 1997 / 1998 scheiterten im DFB-Pokal hintereinander UEFA-Cup-Sieger Schalke 04 und Champions-League-Gewinner Borussia Dortmund an einem Drittligisten. Welchem?**

b Eintracht Trier. Die Trierer besiegten im Moselstadion zunächst in der zweiten Runde Schalke 04 1:0, im Achtelfinale gewannen sie 2:1 gegen Borussia Dortmund. Der Drittligist kam bis ins Halbfinale, scheiterte dort aber dramatisch 10:11 nach Elfmeterschießen am MSV Duisburg. In der Regionalliga West / Südwest lief es für die Trierer in jener Saison allerdings nicht nach Wunsch. Mit mehr als 20 Punkten Rückstand auf den Aufstiegsplatz wurden Pokalheld Rudi Thömmes und Kollegen nur Fünfte.

Wer ist mit sechs Titeln Rekordtorschützenkönigin der Bundesliga der Frauen? Tipp: Alle sechs Titel holte sie im Duisburger Trikot. 83

a Inka Grings. Zwischen 1999 und 2010 wurde Inka Grings sechsmal Bundesliga-Torschützenkönigin. Zudem erzielte sie in 96 Länderspielen 64 Treffer und wurde 2005 und 2009 Europameister mit dem DFB-Team.

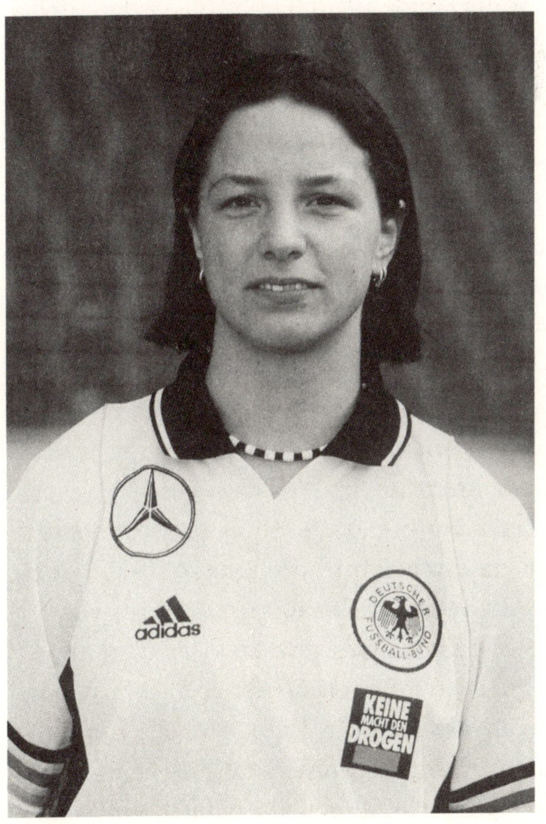

84 **Wie heißt der Profi, der im letzten Testländerspiel vor der Heim-WM 1974 auf dem Platz stand, aber wegen einer Schiedsrichterbeleidigung fünf Minuten vor Ende der Bundesligasaison aus dem Kader gestrichen wurde?**

a Erwin Kremers. Der Schalker, der zwischen 1972 und 1974 15 Länderspiele bestritten hatte, nannte den Schiedsrichter eine »blöde Sau«. Dieser überhörte die Beleidigung zweimal, stellte ihn aber nach einem weiteren »Noch einmal für Doofe: Sie sind eine blöde Sau!« vom Platz, und der DFB verzichtete daraufhin auf eine WM-Nominierung.

85 **França hieß der Brasilianer, der bei Hannover 96 für Verzweiflung sorgte. Warum?**

b Manager Schmadtke hatte sich statt des gewünschten 1,90-Meter-Spielers im Mittelfeld einen 1,81 Meter großen Profi andrehen lassen. Einen großen, robusten Spieler benötigte 2013 Hannovers Trainer Mirko Slomka, doch statt des versprochenen 1,90-Meter-Kolosses war der brasilianische Zugang plötzlich nur 1,81 Meter groß. Die Hannoveraner Zeit war für den Profi eine zum Vergessen: Erst war er zu klein, dann verletzte er sich, bevor er auch noch an Tuberkulose erkrankte. Ohne einen Ligaeinsatz für 96 wechselte er im Folgejahr zurück nach Brasilien.

Welcher von Gerd Roggensack trainierte Klub stieg in der Saison 1986 / 1987 als einziges Team in der Geschichte der 2. Fußball-Bundesliga mit einer positiven Tordifferenz ab? 86

a Eintracht Braunschweig. In einem spannenden Abstiegskampf mussten die Braunschweiger trotz eines Torverhältnisses von 52:47 absteigen. Während die Eintracht zwei Heimspiele 5:1 und 5:2 gewann, verlor sie gleich 13 (!) Partien mit nur einem Treffer Unterschied.

Ein deutscher Torhüter hält in Österreich die längste Serie ohne Gegentor. Welcher Keeper blieb im Tor des FC Tirol Innsbruck zwischen Mai und September 2001 insgesamt 1085 Minuten ohne Gegentor? 87

c Marc Ziegler. Gerade mal 34 Partien absolvierte Ziegler für die Innsbrucker, in diese Zeit fiel aber der Rekord – und zwei Meisterschaften, 2001 und 2002.

In welcher Stadt fand noch nie ein Finale im DFB-Pokal statt? 88

c München. Das Pokalfinale findet seit 1985 immer im Berliner Olympiastadion statt. Zuvor wurde der Finalort immer danach ausgesucht, welche beiden Klubs dort teilnahmen. Um keinem der beiden Teams einen Vorteil zu gewähren, wurde das Endspiel dann meist in der geografischen Mitte ausgetragen, Städte wie München oder auch Hamburg waren so nie Gastgeber.

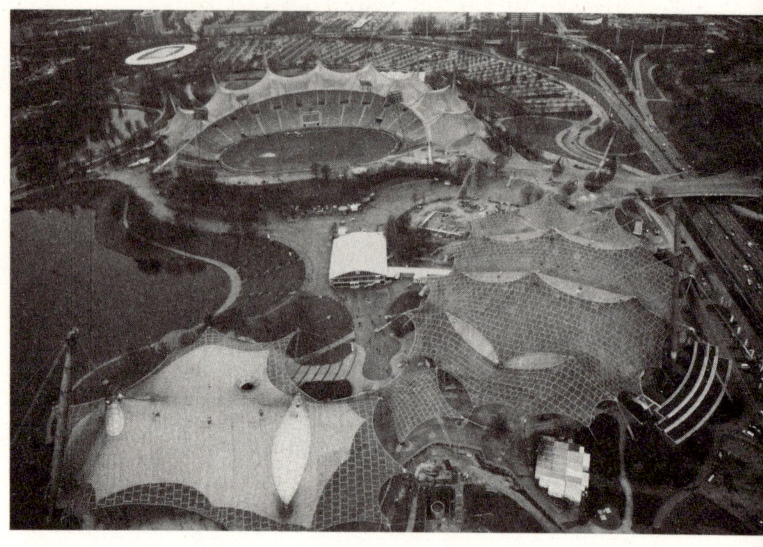

89 **Welcher dieser Klubs hat in den Siebzigerjahren zweimal an der DFB-Pokal-Hauptrunde teilgenommen?**

a Gummi Mayer Landau im ASV. Der ASV Landau ging 1970 eine Kooperation mit der Firma Gummi Mayer ein, die bis Ende des Jahrzehnts hielt. 1974 / 1975 schlugen sie im DFB-Pokal den FV Lörrach auswärts 2:1, ehe sie dem FC Augsburg 0:2 unterlagen. Ein Jahr später verloren sie zu Hause gegen Hannover 96 1:7.

Was war am 3:2 des FC Bayern gegen Bayer Uerdingen am 34. Spieltag der Saison 1983 / 1984 so besonders? 90

c Zum bislang letzten Mal trafen mit Karl-Heinz und Michael Rummenigge zwei Brüder im selben Bundesligaspiel. Insgesamt siebenmal gelang das den Rummenigge-Brüdern, so auch im letzten Spiel vor dem Wechsel von Karl-Heinz zu Inter Mailand. Er hatte die Münchner 1:0 in Führung gebracht, Michael den 3:2-Siegtreffer erzielt. Einen brüderlichen Doppelpack hat es seitdem in der Bundesliga nicht mehr gegeben.

Europapokal

Die bislang höchste Niederlage einer deutschen Mannschaft im Europapokal gab es in der Saison 1960 / 1961. Welcher Klub unterlag damals im Viertelfinal-Rückspiel des Europapokals der Pokalsieger bei den Glasgow Rangers 0:8? 91

b Borussia Mönchengladbach. Bei der Erstaustragung des Wettbewerbs nahmen zehn Teams teil, unter anderem der amtierende DFB-Pokalsieger Borussia Mönchengladbach, der im Viertelfinale seine ersten Partien bestritt. Dabei unterlag man zu Hause dem späteren Finalisten

Glasgow Rangers 0:3, das Rückspiel ging gar 0:8 verloren. 1975 und 1979 konnten die Gladbacher den Wettbewerb allerdings gewinnen.

92 **Jupp Heynckes gewann als Trainer 1998 erstmals die Champions League. Im Finale setzte sich sein Klub Real Madrid 1:0 gegen Juventus durch. Neben Bodo Illgner im Real-Tor war noch ein dritter Deutscher an jenem Abend beteiligt – der Schiedsrichter. Wie hieß er?**

c Hellmut Krug. Hellmut Krug durfte einen Tag nach seinem 42. Geburtstag die Partie in Amsterdam leiten. Es war der Höhepunkt seiner Laufbahn. 1994 und 1996 war er auch bei Welt- und Europameisterschaften zum Einsatz gekommen.

93 **Welcher aktuelle Zweitligist stand noch in der Saison 2000 / 2001 im Halbfinale des UEFA-Cups?**

c 1. FC Kaiserslautern. 2001 lautete eine der beiden Halbfinalpartien im UEFA-Cup Deportivo Alavés gegen den 1. FC Kaiserslautern. Nach dem 1:5 im Hinspiel in Spanien unterlag der FCK auch im Rückspiel 1:4. Alavés verlor das Finale dramatisch 4:5 nach Golden Goal gegen den FC Liverpool.

In der Saison 2009 / 2010 wurde der vormalige UEFA-Cup erstmals als Europa League ausgetragen. Wer holte sich im Mai 2010 im Hamburger Volksparkstadion den ersten Titel im neuen Wettbewerb? 94

b Atlético Madrid. Die Spanier siegten 2:1 nach Verlängerung gegen den FC Fulham, der im Halbfinale den Hamburger SV ausgeschaltet hatte.

Zum Start der Saison 1992 / 1993 wurde aus dem Europapokal der Landesmeister die Champions League. Welcher deutsche Spieler lief als erster in einem Finale des neuen Wettbewerbs auf? 95

c Rudi Völler. Völler stand 1993 im Finale bei Olympique Marseille in der Startelf, das den neuen Wettbewerb nach einem 1:0 gegen die AC Mailand gewann.

Als einziger DDR-Vertreter konnte der 1. FC Magdeburg einen Europapokal gewinnen. Wie hieß der Gegner im Finale des Europapokals der Pokalsieger 1974? 96

b AC Mailand. 2:0 gewann Magdeburg das Finale in Rotterdam gegen Milan. Zuvor hatte man sich im Halbfinale gegen Sporting Lissabon durchgesetzt. Die Gegner zuvor hießen: Beroe Stara Sagora, Banik Ostrava und NAC Breda.

97 **1997 gewann Schalke 04 mit Trainer Huub Stevens den UEFA-Cup. Dabei hatte Stevens in der ersten Runde des Wettbewerbs noch den Schalker Gegner trainiert. Welcher Klub war das?**

b Roda Kerkrade. Schalke hatte das Hinspiel 3:0 gegen Kerkrade gewonnen, das Rückspiel endete 2:2. Der damalige Schalker Trainer Jörg Berger wurde im Folgemonat durch Huub Stevens ersetzt.

98 **Wen besiegte der Karlsruher SC 1993 beim »Wunder vom Wildpark« 7:0 und zog damit trotz einer 1:3-Hinspielniederlage ins Achtelfinale des UEFA-Cups ein?**

c FC Valencia. Vier Treffer erzielte Edgar Schmitt, je einen Slawen Bilić, Rainer Schütterle und Waleri Schmarow. Der KSC schied erst im Halbfinale aus, beim Tabellenführer aus Spanien war es der Anfang vom Ende der Amtszeit von Trainer Guus Hiddink.

99 **Welcher dieser Klubs gehörte nicht zu den ersten vier deutschen Europapokalsiegern?**

c Hamburger SV. Der HSV gewann erst 1977 seinen ersten Europacup. Zuvor hatten bereits Borussia Dortmund 1966, die Bayern 1967, Magdeburg 1974 und Gladbach 1975 ihren ersten Titel holen können.

Es war der berühmteste Büchsenwurf der Europapokalgeschichte. 1971 wurde in der Partei zwischen Borussia Mönchengladbach und Inter Mailand beim Stand von 2 : 1 ein Italiener von einer Dose getroffen und daraufhin ausgewechselt. Der 7 : 1-Sieg der Gladbacher wurde annulliert, Inter setzte sich in der Folge durch. Wie hieß der italienische Spieler, der die Hauptrolle in diesem Drama spielte? **100**

a Roberto Boninsegna. Boninsegna, der in der 19. Minute den zwischenzeitlichen Ausgleich zum 1:1 erzielt hatte, war in der 28. Minute von einer Limonadendose getroffen worden und ließ sich daraufhin auswechseln. Zu diesem Zeitpunkt lagen die Gladbacher 2:1 vorne, am Ende hieß es 7:1. Doch das Spiel wurde annulliert, und Inter kam nach einem 4:2 zu Hause und einem 0:0 im Wiederholungsspiel weiter und erreichte anschließend sogar das Finale des Landesmeistercups. Dort unterlagen die Italiener Ajax Amsterdam 0:2. Johan Cruyff traf doppelt, Boninsegna blieb ohne Treffer. Dem 22-maligen italienischen Nationalspieler warfen viele Schauspielerei vor. Ein Metier, bei dem er sich zumindest außerhalb des Platzes auskannte. In dem Film »Keiner haut wie Don Camillo« spielte er einen Fußballer.

101 **Welcher dieser drei schottischen Klubs stand schon einmal im Halbfinale eines Europapokals?**

b Dunfermline Athletic. 1969 stand der jetzige Zweitligist Dunfermline Athletic im Halbfinale des Europapokals der Pokalsieger, das man gegen den späteren Titelträger aus Bratislava verlor. Zuvor hatten sich die Schotten unter anderem gegen den englischen Vertreter West Bromwich Albion durchgesetzt.

102 **Das Champions-League-Finale 1999 zwischen Manchester United und dem FC Bayern München bleibt unvergessen. United drehte in den letzten Minuten einen 0 : 1-Rückstand noch in einen 2 : 1-Erfolg. Dabei mussten sich beide Klubs als Vizemeister ihrer jeweiligen Ligen überhaupt erst über die zweite Qualifikationsrunde für die Gruppenphase qualifizieren. Wie hießen die beiden Gegner?**

a ŁKS Łódź und FK Obilić. United setzte sich gegen Łódź (2 : 0 und 0 : 0) durch, die Bayern kamen gegen Obilić (4 : 0 und 1 : 1) weiter. Im weiteren Wettbewerb trafen sie dann sowohl in der Gruppenphase als auch im Finale aufeinander.

Zur Saison 1955 / 1956 wurde der Europapokal der Landesmeister eingeführt, Real Madrid gewann die ersten fünf Austragungen. Wer trug sich 1961 als zweiter Klub in die Siegerliste ein? 103

c Benfica Lissabon. Benfica gewann den Wettbewerb mit seinem legendären Trainer Béla Guttmann 1961 und 1962. 1961 setzte man sich 3 : 2 gegen den FC Barcelona durch, 1962 5 : 3 gegen Real Madrid. Danach sollte der Klub noch achtmal das Finale eines europäischen Wettbewerbs erreichen – alle wurden verloren.

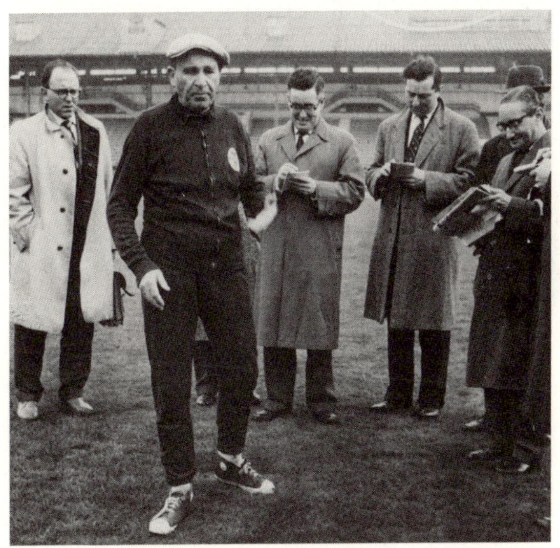

104 **Welcher dieser Klubs hat noch nie einen Europacup gewonnen?**

b Spartak Moskau. Spartak gewann noch nie einen europäischen Titel. Die beiden anderen Klubs siegten jeweils im UEFA-Cup beziehungsweise der Europa League: ZSKA 2005 und Schachtar 2009.

105 **Wie hieß das erste Team in einem Champions-League-Finale, das zuvor noch nie nationaler Meister war?**

a Bayer Leverkusen. Bayer Leverkusen erreichte 2002 als erstes Team ein Champions-League-Finale, das bis dahin noch nie Meister war. Das Finale ging damals 1:2 gegen Real Madrid verloren.

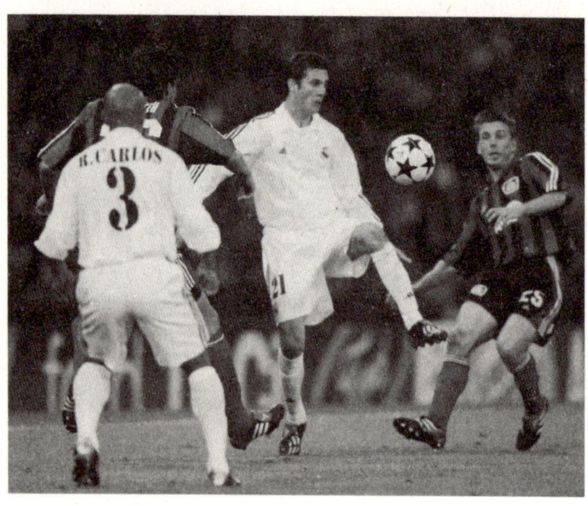

Der moderne Fußball

Zlatan Ibrahimović beendete im Sommer 2023 seine Karriere, nachdem er im März jenes Jahres zum ältesten Torschützen in der Geschichte der Serie A geworden war. Seit wann hatte er in jedem Kalenderjahr mindestens einmal getroffen? 106

a 1999. Die Serie startete am 30. Oktober 1999, als er für Malmö FF in der höchsten Liga seines Heimatlandes erstmals traf. Seitdem schoss er Tore für Ajax in den Niederlanden, Juventus, Inter und Milan in Italien, den FC Barcelona in Spanien, Paris Saint-Germain in Frankreich, Manchester United in England und LA Galaxy in den USA.

Beim Ligaspiel gegen AS Saint-Étienne sorgte Marseilles Angreifer Mario Balotelli 2019 mit seinem Torjubel für Aufsehen. Was tat Balotelli nach seinem Treffer zum 1 : 0 in der 12. Minute? 107

b Er griff sich ein Smartphone und nahm ein Video auf, das er umgehend in seiner Instagram-Story postete. Den zehnsekündigen Clip konnten sich Balotellis Follower wenige Augenblicke nach dem Treffer anschauen.

108 In die Liga welches Landes ist Cristiano Ronaldo Anfang 2023 gewechselt?

b Saudi-Arabien. Der fünfmalige Weltfußballer wechselte Anfang 2023 von Manchester United nach Saudi-Arabien. Der Portugiese spielte fortan für den al-Nassr FC.

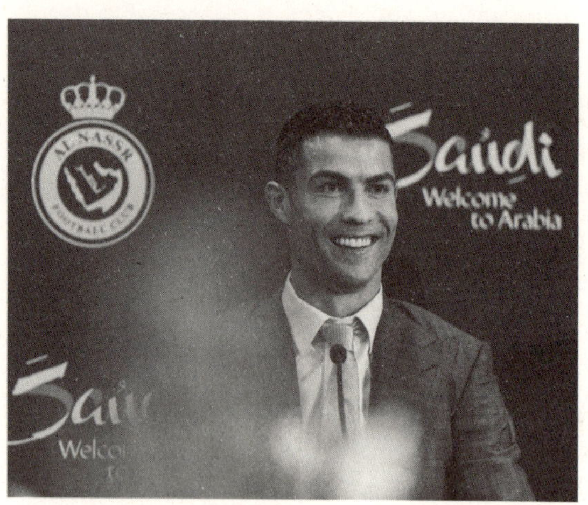

109 Die Einführung welcher Regel revolutionierte 1992 den Weltfußball?

b Rückpassregel. Seit 1992 war es den Torhütern untersagt, einen kontrollierten Rückpass mit den Händen aufzunehmen. Die Folge: das Spiel wurde schneller, Zeitspiel schwieriger, die Attraktivität der Partien nahm zu.

Österreich ist das Paradies für Trikotwerbung. Dort wird großflächig auf allen bedruckbaren Teilen der Trikots und Hosen angepriesen. Für was warben die Profis des Zweitligisten SV Ried in der Saison 2023 / 2024? 110

a Leberkäse-Semmel. Auf dem linken Ärmel der »Leiberl« warben die Kicker tatsächlich für eine Leberkäse-Semmel.

Mehr als 100 Millionen Euro hat sich Manchester City den englischen Nationalspieler Jack Grealish kosten lassen. Von welchem Klub kam er 2021 zu den Citizens? 111

a Aston Villa. Der 25-Jährige hatte bis auf eine Leihe zu Notts County bislang ausschließlich für Aston Villa gespielt. 2023 gewann er mit City die Champions League.

Gegen welchen deutschen Klub hat Lionel Messi in der Champions League fünf Tore in einem Spiel erzielt? 112

c Bayer Leverkusen. In der Saison 2011 / 2012 hatte Messi im Achtelfinal-Rückspiel der Champions League beim 7:1 des FC Barcelona gegen Bayer Leverkusen fünf Treffer erzielt. Leverkusen schied aus, Barcelona erreichte das Halbfinale, in dem man dem späteren Sieger FC Chelsea unterlag.

113 **Erling Haaland hat im Herbst 2022 mit seinem Treffer im Champions-League-Duell zwischen Manchester City und Borussia Dortmund einen weiteren Rekord aufgestellt. Mit 22 Jahren und 55 Tagen ist er der jüngste Spieler der Champions League, dem ein Treffer für und gegen einen Klub gelang, in diesem Fall Borussia Dortmund. Wer war zuvor der jüngste?**

c Álvaro Morata. Morata war ein Champions-League-Treffer für und gegen Real Madrid im Alter von 22 Jahren und 194 Tagen gelungen.

114 **Der Eigentümer des viertklassigen englischen Fußballvereins Notts County, Alan Hardy, kündigte Ende Januar 2019 per Twitter überraschend an, den Klub verkaufen zu wollen. Für noch mehr Überraschung sorgte der vorangegangene Tweet, auf dem Hardy versehentlich Vertrauliches preisgab. Was war dort zu sehen?**

b Der Penis von Hardy. Hardy postete den Screenshot einer Nachricht, der allerdings auch Voransichten seiner Kameragalerie umfasste. Darauf zu sehen: der Penis des verkaufswilligen Eigentümers.

Wer ist der einzige Spieler der Champions-League-Geschichte, dem für drei Klubs drei Tore in einem Spiel gelangen? 115

b Robert Lewandowski. Dem polnischen Angreifer gelangen Dreierpacks für Borussia Dortmund, Bayern München und den FC Barcelona. Dort traf er in seinem ersten Champions-League-Auftritt für den Klub dreifach gegen Viktoria Pilsen.

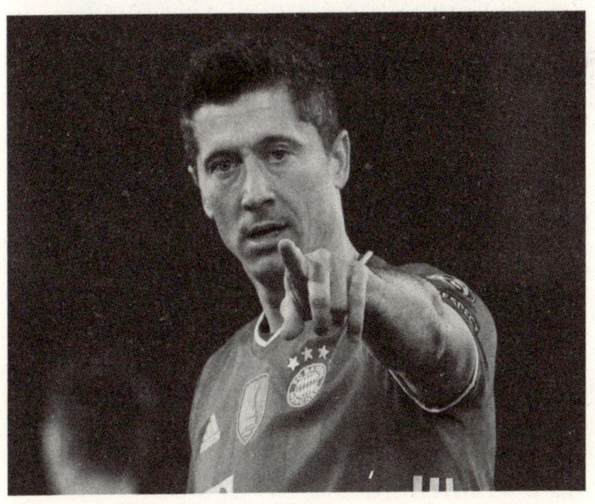

Welcher Profi schoss als erster in einem Champions-League-Finale einen Treffer gegen seinen Ex-Klub? 116

b Kingsley Coman. Comans Treffer 2020 gegen Paris Saint-Germain war der erste eines Profis gegen seinen Ex-Klub in einem Champions-League-Finale.

117 **Welcher Fußballstar verbirgt sich hinter dem bürgerlichen Namen Képler Laveran Lima Ferreira?**

c Pepe. Der Portugiese, Jahrgang 1983, wurde unter diesem Namen im brasilianischen Maceió geboren. Dreimal gewann er mit Real Madrid die Champions League, 2016 wurde er mit Portugal Europameister.

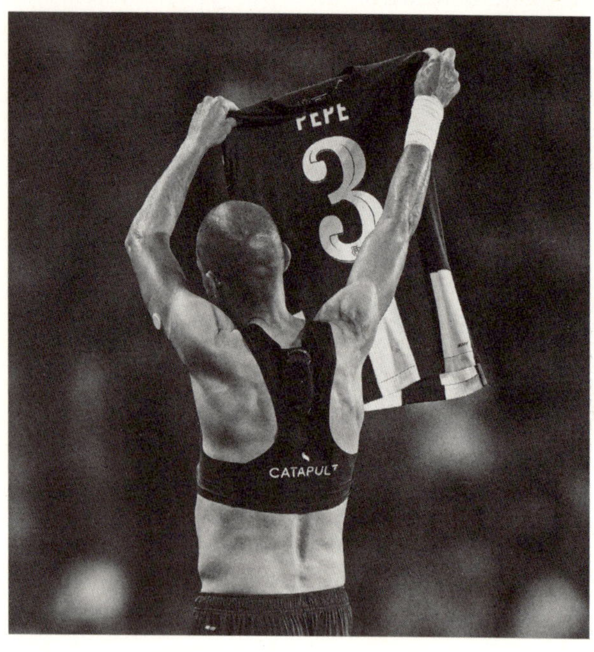

In der Geschichte der Champions League gab es erst ein Team, das in seinen sechs Gruppenspielen ungeschlagen blieb und dennoch ausschied. Wer ist gesucht? 118

a AEK Athen. Die Griechen spielten 2002 / 2003 in einer Gruppe mit Real Madrid, Genk und der AS Rom sechsmal remis und schieden mit sechs Punkten hinter Real und Rom (jeweils neun Punkte) aus.

In der Geschichte der französischen Ligue 1 gab es immer wieder Bestrebungen, attraktiven Fußball zu belohnen. Für was gab es zeitweise einen Extrapunkt? 119

b Für einen Sieg mit mindestens drei Toren Unterschied. Von 1974 bis 1976 gab es für einen Sieg mit mindestens drei Toren Unterschied einen Extrapunkt. Bereits in der Saison 1973 / 1974 versuchte man es mit einem Extrapunkt für jedes Team, das in einem Spiel drei oder mehr Tore schoss.

120 **42 Jahre vergingen zwischen Eintracht Frankfurts Sieg im UEFA-Cup 1980 und dem Erreichen des Europa-League-Finals 2022. Nur ein Klub hatte eine noch längere Zeitspanne zwischen zwei Endspielen zu überbrücken – wer wartete 51 Jahre?**

b Manchester City. 1970 hatte City den Europapokal der Pokalsieger gewonnen, 2021 standen sie das nächste Mal in einem europäischen Finale, dieses Mal in der Champions League.

Weltmeisterlich

121 **Bei welcher Fußballweltmeisterschaft der Männer gab es den höchsten Zuschauerschnitt?**

b USA 1994. Bei der WM 1994 in den USA besuchten im Schnitt 68 991 Zuschauerinnen und Zuschauer die Partien. 1930 in Uruguay waren es knapp 33 000 im Schnitt, 2022 in Katar rund 53 000.

Welches Team stand bei sechs Weltmeisterschaften im Halbfinale und hat alle Partien gewonnen? 122

a Argentinien. Die Argentinier setzten sich 1930, 1986, 1990, 2014, 2018 und 2022 in all ihren sechs Halbfinals durch.

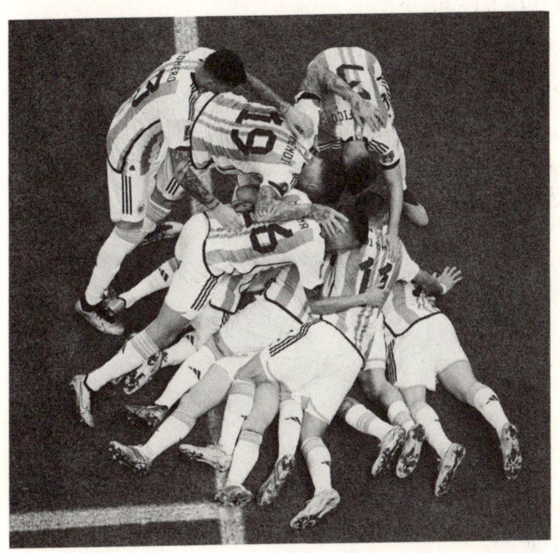

Wer wurde im WM-Finale 1990 als einziger deutscher Spieler eingewechselt? 123

c Stefan Reuter. Reuter ersetzte ab der 73. Minute Thomas Berthold als rechten Verteidiger.

124 **Geoff Hurst war 1966 der erste Spieler, der in einem WM-Finale drei Treffer erzielen konnte. Wer war 2022 der zweite?**

c Kylian Mbappé. Kylian Mbappé erzielte beim 3:3 gegen Argentinien alle französischen Treffer, im Elfmeterschießen musste sich sein Team den Südamerikanern allerdings geschlagen geben. Bereits beim WM-Sieg 2018 gegen Kroatien (4:2) hatte er im Finale das vierte Tor seines Teams erzielt.

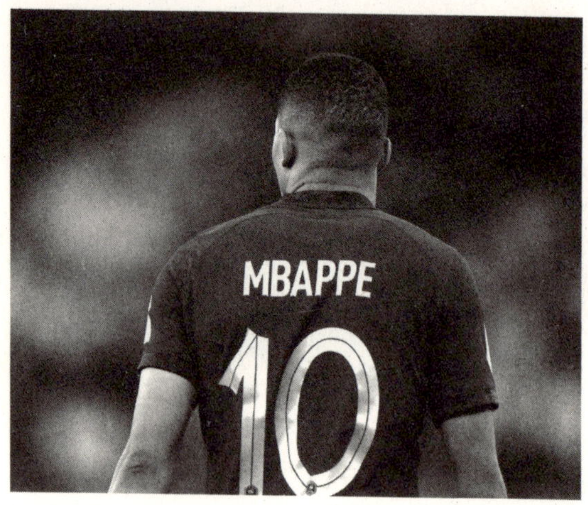

Die Schweizer scheiterten 1954 bei der WM im eigenen Land beim torreichsten Spiel der WM-Geschichte. Wem unterlagen sie damals im Viertelfinale 5 : 7? 125

c Österreich. In der »Hitzeschlacht von Lausanne« verspielte die Schweiz einen 3 : 0-Vorsprung, Österreichs Torhüter erlitt einen Sonnenstich, ein Schweizer brach bewusstlos zusammen.

Nach dem verpassten WM-Titel 1950 im eigenen Land spielte die brasilianische Nationalmannschaft in gelben Trikots. Welche Farbe trug sie bis dahin? 126

c Weiß. Der Schock der Niederlage sorgte für eine fast vollständige Veränderung des Spielerkaders, auch wurden knapp zwei Jahre lang überhaupt keine Länderspiele mehr ausgetragen. Beim Comeback trug man dann die neue, gelbblaue Spielkleidung.

Welche Aussage über das italienische Weltmeisterteam von 1982 stimmt? 127

b Sie waren der einzige amtierende Weltmeister aus Europa, der sich nicht für die folgende EM qualifizieren konnte. Bei der Qualifikation zur EM 1984 gelang dem Weltmeister in acht Gruppenspielen gerade mal ein Sieg gegen Zypern. Italien schloss die Fünfergruppe als Vierter ab, zur EM nach Spanien fuhr der Erste Rumänien. Alle europäischen Weltmeister davor und danach konnten sich für die folgende EM qualifizieren.

128 Welcher dieser Spieler hat nie an einer WM teilgenommen?

c Mehmet Scholl. Scholl gehörte zwar 1996 und 2000 zum EM-Aufgebot, für eine WM wurde er hingegen – auch aus Verletzungsgründen – nie nominiert. Basler und Effenberg gehörten zum WM-Aufgebot 1994.

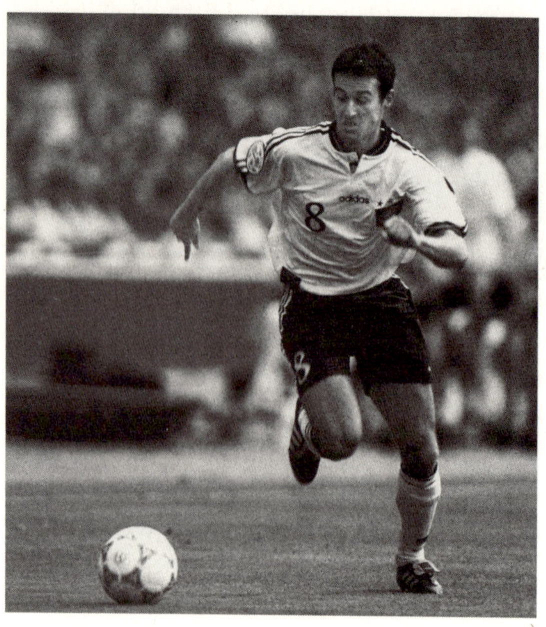

Welches Nationalteam trägt den Spitznamen »La Blanquirroja«? 129

c Peru. »Die Weiß-Roten« tragen Trikots in den Nationalfarben, seit mehr als 80 Jahren in einem charakteristischen Design: ein weißes Jersey mit einem von unten links nach oben rechts quer verlaufenden roten Balken.

Welche dieser Nationen stand bei den Männern noch nie in einem WM-Finale? 130

b Polen. 1974 verpassten die Polen das Finale durch eine Niederlage im abschließenden Zwischenrundenspiel gegen die Bundesrepublik Deutschland, 1982 verloren sie im Halbfinale gegen den späteren Weltmeister Italien. Schweden stand 1958 im Finale, Kroatien 2018.

Wer leitete bei der WM 1990 in Italien drei Spiele? 131

b Helmut Kohl. Der österreichische Schiedsrichter Helmut Kohl (nicht verwandt, nicht verschwägert) leitete bei der WM 1990 drei Spiele, unter anderem das deutsche Viertelfinale gegen die Tschechoslowakei. Im Jahr darauf erlag er im Alter von 48 Jahren einem Krebsleiden.

132 Wer war der einzige Spieler, der in zwei WM-Finals eine Gelbe Karte sah?

b Diego Maradona. Maradona wurde sowohl im – gewonnenen – WM-Finale 1986 als auch im – verlorenen – Endspiel 1990 verwarnt.

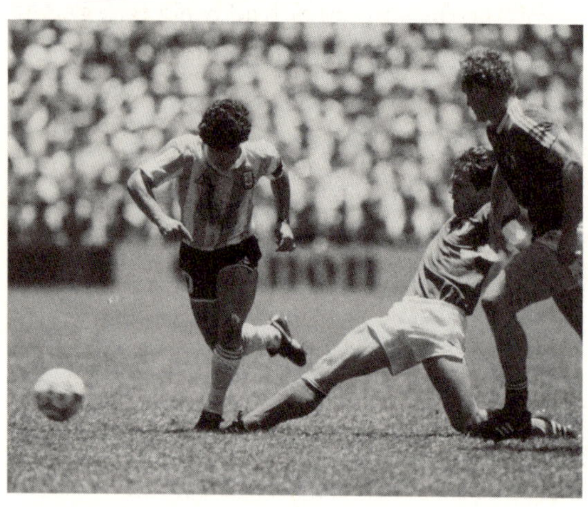

133 Welche WM fand ohne den Titelverteidiger statt?

a 1934. Uruguay, Gastgeber und Gewinner des Turniers 1930, revanchierte sich für die mangelnde Teilnahmebereitschaft der Europäer vier Jahre zuvor und verzichtete auf das Turnier in Italien.

Sechs Spiele bei WM-Endrunden, sechs Niederlagen, 1:22 Tore. Welches Land steht mit dieser Bilanz auf dem letzten Platz der ewigen Tabelle bei WM-Turnieren? **134**

b El Salvador. Bei der ersten Endrundenteilnahme 1970 gab es für El Salvador ein 0:3 gegen Belgien, ein 0:4 gegen Mexiko und ein 0:2 gegen die Sowjetunion. 1982 starteten sie mit einem 1:10 gegen Ungarn ins Turnier, der höchsten Endrundenniederlage der WM-Geschichte. Dieser folgten respektable Ergebnisse gegen Belgien (0:1) und Argentinien (0:2).

2014 gewann Deutschland im WM-Halbfinale 7:1 gegen Brasilien. Das ist bis heute der zweithöchste Sieg in einem K.-o.-Runden-Spiel einer Weltmeisterschaft. Welche Partie endete 1938 8:0? **135**

a Schweden vs. Kuba. Das Turnier wurde komplett im K.-o.-System ausgetragen, die Kubaner setzten sich dabei erst im Wiederholungsspiel des Achtelfinals gegen Rumänien durch. Im Viertelfinale schon zwei Tage später waren die Kubaner dann erschöpft und chancenlos gegen ausgeruhte Schweden, die nach dem Rückzug Österreichs kampflos unter die letzten acht gekommen waren.

Auf und neben dem Platz

136 **Nach einer Rangelei in einem Restaurant in Regensburg im Oktober 1999 trennte sich der FC Bayern von einem Profi. Wer verließ im Zuge der »Pizzeria-Affäre« den Klub?**

a **Mario Basler.** Basler war gemeinsam mit Teamkollege Sven Scheuer in eine Rangelei verwickelt. Der FC Bayern suspendierte den Nationalspieler, der daraufhin zum 1. FC Kaiserslautern wechselte.

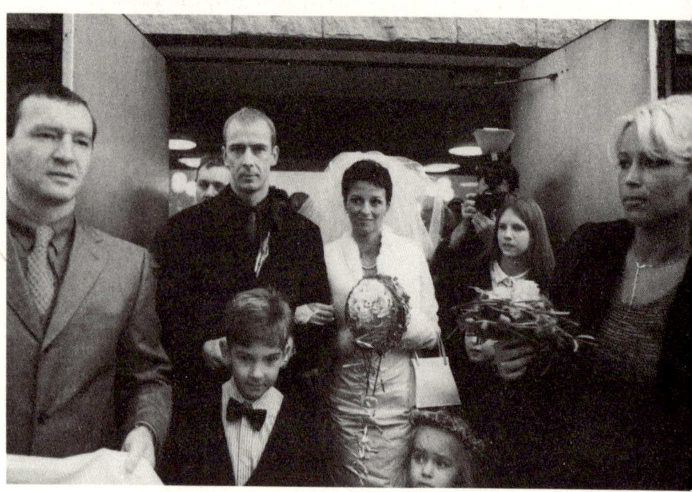

Am 11. September 2001 bestritt Schalke 04 das erste Spiel seiner Champions-League-Geschichte. Trotz des Terroranschlags auf das World Trade Center wurde die Partie nicht verschoben. Gegen welche Mannschaft trat S04 an? 137

b Panathinaikos. 0:2 unterlag S04 den Griechen, die sich sogar den Gruppensieg vor dem FC Arsenal und RCD Mallorca sichern konnten. Schalke schied mit sechs Punkten als Vierter aus. Panathinaikos kämpfte sich sogar ins Viertelfinale und scheiterte dort nur knapp am FC Barcelona.

Am 10. Mai 1997 hatte Jürgen Klinsmann genug. Er hatte schlecht gespielt, die Stimmung in der Mannschaft war mies, und dann wechselte Trainer Giovanni Trapattoni ihn auch noch aus. Zu welcher legendären Reaktion ließ sich Klinsmann nach seiner Herausnahme hinreißen? 138

c Er trat ein Loch in eine Werbetonne. Klinsmann trat wutentbrannt ein Loch in eine Werbetonne – und verletzte sich dabei. »Ich habe mir beim Tonnentritt das ganze Schienbein aufgeschürft«, bekannte er Jahre später. Große Folgen hatte der Auftritt nicht: Bereits im kommenden Spiel durfte er wieder in der Startelf ran (und traf), die Tonne steht seit 2012 im Vereinsmuseum des FC Bayern.

139 **Fußballgeschichte im »Aktuellen Sportstudio«: Im Mai 1989 johlte das Studiopublikum, und die Zuschauer am Fernseher wunderten sich: In einer denkwürdigen Sendung gingen sich Kölns Trainer Christoph Daum und Bayern-Manager Uli Hoeneß verbal an den Kragen, nahezu schweigend assistiert von Udo Lattek und Jupp Heynckes. Wer moderierte den Schlagabtausch?**

b Bernd Heller. Heller moderierte von 1980 bis 1993 das »Aktuelle Sportstudio«, die Sendung im Mai 1989 dürfte die bekannteste Ausgabe aus dieser Zeit gewesen sein.

140 **Bei welcher WM wurden zum ersten und bislang einzigen Mal mit Ausnahme des Finals keine Nationalhymnen gespielt?**

a England 1966. Großbritannien unterhielt keine diplomatischen Beziehungen zu Nordkorea und verweigerte das Abspielen der Hymne des WM-Teilnehmers. Die Fifa beschloss daraufhin, auf sämtliche Nationalhymnen zu verzichten. Nur vor dem Finale wurden die Hymnen der beiden beteiligten Nationen abgespielt.

Wer musste in der Halbzeit eines Europapokalspiels sterben? 141

a Ein Hahn. In der Halbzeitpause des UEFA-Cup-Spiels Hajduk Split gegen Tottenham Hotspur 1984 lief ein Anhänger der Gastgeber auf den Platz und schlachtete einen Hahn, weil ein solcher im Wappen der Spurs enthalten ist. Die UEFA bestrafte Split dafür: Der Klub musste sein nächstes Europapokalheimspiel mindestens 300 Kilometer entfernt austragen.

Welcher Name stand an Otto Rehhagels Klingelschild zu seiner Zeit als Trainer beim FC Bayern? 142

b Rubens. Wer zum gelernten Malermeister Otto Rehhagel wollte, musste bei Rubens klingeln.

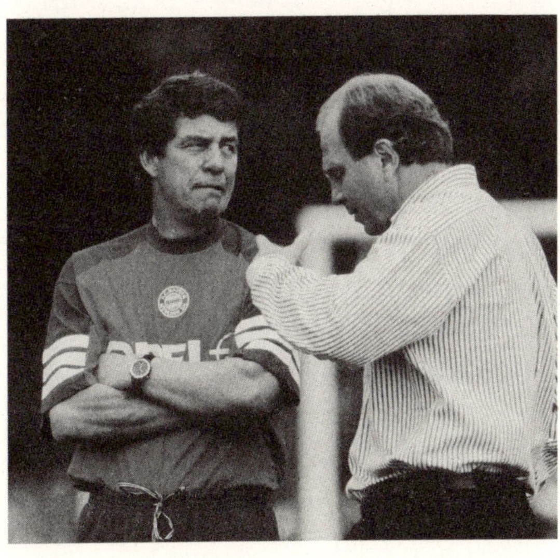

143 Welche Rolle spielte Paul Breitner 1976 im Western »Potato Fritz«?

c Sergeant Stark. Im Western-Lexikon von Joe Hembus kommt der Film allerdings nicht wirklich gut weg: Er sei ein »Mystery-Comedy-Western, der seine im Grunde ganz witzig angelegte Kartoffelphilosophie selbst nicht begreift«.

144 Bei einem Auftritt im Musikvideo der Gruppe Ich + Ich bewegte Ex-Nationalspieler Fredi Bobic zu welchem Satz seine Lippen?

c »Wir alle sind aus Sternenstaub.« Beim Musikvideo zum Song »Vom selben Stern« hatte Bobic 2007 seinen Einsatz bei der Zeile »Wir sind alle aus Sternenstaub«. Neben Bobic traten auch andere Promis wie Udo Lindenberg, Olli Dittrich und Palina Rojinski im Video auf.

145 Im Juni 1971 erschütterte der Bundesligaskandal Fußballdeutschland. Mehr als ein halbes Dutzend Bundesligaspiele war betroffen, 52 Spieler, zwei Trainer und sechs Funktionäre wurden bestraft. Welcher Klub hatte zunächst mit einem erkauften Sieg am letzten Spieltag die Klasse gehalten?

a Arminia Bielefeld. Das 1:0 der Bielefelder bei Hertha BSC war erkauft, Offenbachs Präsident Horst-Gregorio Canellas veröffentlichte bei der Party anlässlich seines 50. Geburtstages Tonbänder, die zahlreiche Manipulationsabsichten untermauerten. Bielefeld durfte zunächst weiter in der Bundesliga spielen, bekam aber im Frühjahr 1972 doch noch die Lizenz entzogen und musste absteigen.

Welcher Regisseur sorgte einst mit seinem Treffer am letzten Spieltag für den Zweitligaaufstieg der SpVgg Erkenschwick? 146

b Sönke Wortmann. Sönke Wortmann erzielte am letzten Spieltag der Oberligasaison 1979 / 1980 das vorentscheidende 1 : 0 seiner Erkenschwicker gegen den Bünder SV. Sein Team gewann 3 : 0 und stieg in die zweite Liga auf. Es war Wortmanns einziger Treffer für den Klub, den er nach dem Aufstieg verließ.

Alle diese drei Schauspieler haben einen Oscar als »Bester Hauptdarsteller« gewonnen, aber nur einer hat in der A-Jugend eines europäischen Erstligisten gespielt – wer? 147

c Maximilian Schell. Schell, der 1962 den Oscar als »Bester Hauptdarsteller« für seine Rolle in »Urteil von Nürnberg« erhielt, spielte viele Jahre beim Grasshopper Club Zürich, dem er als Fan bis zu seinem Tod verbunden blieb.

148 **Ex-Nationalspieler Maurizio Gaudino wurde 1994 unter dem Verdacht des Versicherungsbetrugs verhaftet, nachdem er zuvor einen TV-Auftritt absolviert hatte. Bei welchem Talkmaster war er zu Gast gewesen?**

b Thomas Koschwitz. Maurizio Gaudino wurde nach einem Talkshowauftritt bei Thomas Koschwitz an seinem 28. Geburtstag in München verhaftet und anschließend zu einer Bewährungs- und Geldstrafe verurteilt.

149 **Welche englische Trainerlegende gewann 2018 die britische Ausgabe von »Ich bin ein Star – Holt mich hier raus!« und sicherte sich die Siegprämie von 500 000 Pfund (etwa 575 000 Euro)?**

c Harry Redknapp. Der damals 71-jährige Redknapp, der unter anderem Tottenham Hotspur, West Ham United und die Queens Park Rangers trainiert hatte, setzte sich im Finale gegen die »The Inbetweeners«-Schauspielerin Emily Atack durch.

In den Siebzigerjahren gab es mit Jägermeister bei Eintracht Braunschweig nicht nur den ersten Trikotsponsor der Liga, auch private Sponsoren sorgten für Kurioses. Zum Tragen welchen Gegenstandes verpflichtete sich zum Beispiel Stuttgarts Profi Horst Köppel? **150**

a Haarteil. Der Aachener Zeitung sagte der damalige Stuttgarter später: »Im Nachhinein war es furchtbar.« Alle drei Wochen musste er die Haare nachflechten lassen. »Das war ein großer Aufwand, ich wollte das Ding nicht mehr.« Aber Köppel hatte sich vertraglich für drei Jahre verpflichtet. »Bei Ausstieg wäre eine Konventionalstrafe fällig geworden, die höher gewesen wäre als der Sponsorenbetrag«, sagte Köppel.

Bonus: Die EM-Turniere im Überblick

1960

Finale: SOWJETUNION – Jugoslawien 2:1 (1:1, 0:1) n. V.
17 Nationen nahmen an der Erstausgabe der EM teil, die damals noch als »Europapokal der Nationen« firmierte. Die Bundesrepublik Deutschland, England und Italien gehörten nicht dazu. Die DDR schied zum Auftakt gegen Portugal aus und verpasste wie bei jeder der folgenden Austragungen die Endrunde. Das Finale in Paris sahen nur 18 000 Fans, nachdem die Gastgeber in einem spektakulären Halbfinale Jugoslawien 4:5 unterlegen waren. Debütsieger wurde die Sowjetunion.

1964

Finale: SPANIEN – Sowjetunion 2:1 (1:1)
Titelverteidiger Sowjetunion war eines von vier Teams, die beim Endturnier in Spanien vertreten waren. Neben den großen Fußballnationen Spanien und Ungarn hatte sich überraschend auch Dänemark qualifiziert. Der Gastgeber setzte sich in einem spannenden Finale durch, die Bundesrepublik hatte erneut auf eine Teilnahme verzichtet.

1968

Finale: ITALIEN – Jugoslawien 2:0 (2:0)

Erneut setzte sich der Gastgeber durch, allerdings erst im Wiederholungsspiel des Finales. Zunächst hatten sich Italien und Jugoslawien in Rom 1:1 nach Verlängerung getrennt, zwei Tage später siegten die Italiener nach zwei frühen Treffern. Für die DFB-Auswahl endete die erstmalige Teilnahme mit einer Blamage: Da man in Albanien nicht über ein 0:0 hinauskam, verpasste man zum bislang einzigen Mal die Qualifikation für ein großes Turnier.

1972

Finale: BR DEUTSCHLAND – Sowjetunion 3:0 (1:0)

Vier Jahre später war die Schmach getilgt – und wie. Die womöglich spielerisch stärkste DFB-Elf der Geschichte siegte im Viertelfinalhinspiel erstmals in England (3:1), bezwang im Halbfinale Endrundengastgeber Belgien 2:1 und ließ im Finale im Brüsseler Heysel-Stadion der Sowjetunion keine Chance (3:0). Zwei Jahre später folgte der Weltmeistertitel für Beckenbauer, Müller und Co.

1976

Finale: TSCHECHOSLOWAKEI –
BR Deutschland 2:2 (2:2, 2:1) n. V., 5:3 i. E.

In den berühmten Nachthimmel von Belgrad jagte Uli Hoeneß seinen Strafstoß, Antonín Panenka lupfte seinen Versuch in die Mitte des Tores und machte so ganz nebenbei den nach ihm benannten Elfmeterversuch bekannt. Die Tschechoslowaken entthronten den Titelträger, bei dem dennoch ein Mann Grund zum Jubeln hatte: Dieter Müller gab im Halbfinale sein Länderspieldebüt, erzielte drei Tore und wurde damit Torschützenkönig des Endturniers.

1980

Finale: BR DEUTSCHLAND – Belgien 2:1 (1:0)

Im dritten Finale in Folge setzte sich die DFB-Elf zum zweiten Mal durch: Ein Treffer von Finaldoppeltorschütze Horst Hrubesch in der 88. Minute brachte den Erfolg für die Derwall-Elf. Das Endturnier in Italien, bei dem erstmals acht statt vier Teams teilnahmen, war nur mäßig besucht. Ein Grund: In der Saison vor dem Turnier erschütterte ein Wettskandal die italienische Liga.

1984

Finale: FRANKREICH – Spanien 2:0 (0:0)

Frankreich gewann seinen ersten großen Titel, doch einer ragte noch aus einer hervorragenden Mannschaft heraus: Spielmacher Michel Platini erzielte in fünf Endrundenspielen neun Tore. Die BR Deutschland hatte sich nur mit Ach und Krach für das Turnier qualifizieren können; dort war nach einem Last-Minute-Treffer der Spanier bereits in der Gruppenphase Schluss. Jupp Derwall musste als Bundestrainer gehen, Franz Beckenbauer übernahm.

1988

Finale: NIEDERLANDE – Sowjetunion 2:0 (1:0)

Ins Turnier starteten die Niederländer mit einer Niederlage gegen die Sowjetunion, beendet haben sie es gegen den gleichen Gegner mit einem Sieg im Endspiel. Nach den verlorenen WM-Finals 1974 und 1978 konnte Kapitän Ruud Gullit erstmals für die Niederlande einen Pokal in die Höhe recken. Beim Finale im Münchner Olympiastadion sorgte die 54. Minute für Fußballgeschichte: Marco van Bastens Volleyschuss aus spitzem Winkel war ein Jahrhunderttor.

1992

Finale: DÄNEMARK – Deutschland 2 : 0 (1 : 0)

Als Favorit war Weltmeister Deutschland ins Turnier gestartet, doch am Ende jubelte ein Team, mit dem niemand gerechnet hatte: Dänemark war erst zehn Tage vor Beginn für Jugoslawien ins Teilnehmerfeld gerückt – und fünf Partien später Europameister. Kurios: Gestartet waren die Dänen mit einem 0 : 0 und einer 0 : 1-Niederlage, erst ein 2 : 1 im abschließenden Gruppenspiel sorgte fürs Weiterkommen.

1996

Finale: DEUTSCHLAND – Tschechien 2 : 1 (1 : 1, 0 : 0) n. GG

Das größte Spiel dieser EM fand bereits im Halbfinale statt: Gastgeber England unterlag in einer dramatischen Partie Deutschland im Elfmeterschießen, Andreas Möller imitierte nach seinem siegbringenden Strafstoß die Jubelgeste seines Gegenübers Paul Gascoigne. Im Finale erzielte Einwechselspieler Oliver Bierhoff zunächst den Ausgleich und legte in der Verlängerung das erste Golden Goal bei einer EM nach.

2000

Finale: FRANKREICH – Italien 2:1 (1:1, 0:0)

Vier Jahre später wiederholte sich EM-Geschichte: Erneut entschied ein Einwechselspieler das Finale, erneut per Golden Goal: David Trezeguet schoss Frankreich zum Titel, nachdem Italien bis zum Ausgleichstreffer von Sylvain Wiltord (90.+4) lange wie der neue Europameister aussah. Und Deutschland? Bot unter Bundestrainer Erich Ribbeck ein fürchterliches Turnier und schied nach einem 0:3 gegen Portugals B-Elf bereits nach der Gruppenphase aus.

2004

Finale: GRIECHENLAND – Portugal 1:0 (0:0)

Die größte Sensation der EM-Geschichte gelang Trainer Otto Rehhagel mit dem krassen Außenseiter Griechenland. An der Abwehr bissen sich die Gegner reihenweise die Zähne aus, vorne genügte meist eine Aktion zum Sieg. Für Deutschland gab es eine unschöne Wiederholung: Wie vier Jahre zuvor war nach der Gruppenphase Schluss, sieglos reiste das Team von Rudi Völler ab.

2008

Finale: SPANIEN – Deutschland 1:0 (1:0)
Titelverteidiger Griechenland schied ebenso wie die beiden Gastgeber Österreich und Schweiz in der Gruppenphase aus. Den Titel holte sich zum zweiten Mal nach 1964 Spanien, das sich mit sechs Siegen in sechs Partien souverän durchsetzte. Deutschlands Trainer Joachim Löw erreichte bei seinem ersten Turnier als Verantwortlicher das Finale.

2012

Finale: SPANIEN – Italien 4:0 (2:0)
Europameister 2008, Weltmeister 2010, Europameister 2012 – Spanien dominierte gleich drei große Turniere in Folge und konnte als erstes Team seinen EM-Titel verteidigen. Im Finale in Kiew überrollte die Mannschaft um Andrés Iniesta, den besten Spieler des Turniers, Italien 4:0. Die DFB-Elf war im Halbfinale an den Italienern gescheitert, Coach Löw geriet nach mehreren Startelfwechseln nach dem Viertelfinalsieg gegen Griechenland in die Kritik.

2016

Finale: PORTUGAL – Frankreich 1:0 (0:0) n. V.

Erstmals startete die Endrunde mit 24 statt zuvor 16 Teams, Gastgeber Frankreich erlebte im Finale eine herbe Enttäuschung. Der Portugiese Éder schoss sein Team mit einem Treffer in der Verlängerung zum ersten großen internationalen Titel. Portugals 2:0 im Halbfinale gegen Wales war deren einziger Sieg innerhalb der regulären Spielzeit von 90 Minuten im ganzen Turnier. Deutschland war im Halbfinale an Frankreich gescheitert.

2021

Finale: ITALIEN – England
1:1 (1:1, 0:1) n. V., 3:2 i. E.

Die Coronapandemie sorgte für ein Jahr Verschiebung des Turniers, das erstmals in ganz Europa ausgetragen wurde. Deutschland (gegen England) und Österreich (gegen Italien) schieden im Achtelfinale gegen die späteren Finalteilnehmer aus, die Schweiz erreichte sogar das Viertelfinale. Italien siegte im Finale in London im zweiten Elfmeterschießen der EM-Final-Geschichte. Große Sorge gab es um Christian Eriksen: Der Däne war im Gruppenspiel gegen Frankreich zusammengebrochen, ihm musste ein Defibrillator implantiert werden.

Bildnachweis

S. 12/13 © Alexander Hassenstein / Getty Images ⚽ **S. 15** © Gunnar Berning / Bongarts / Getty Images ⚽ **S. 18** © Lutz Bongarts / Bongarts / Getty Images ⚽ **S. 20/21** © Stuart Franklin / Bongarts / Getty Images ⚽ **S. 23** © Mika Volkmann / Bongarts / Getty Images ⚽ **S. 24** © Bongarts / Getty Images ⚽ **S. 26** © Bongarts / Getty Images ⚽ **S. 29** © Lutz Bongarts / Bongarts / Getty Images ⚽ **S. 30/31** © Hulton-Deutsch / Hulton-Deutsch Collection / Corbis via Getty Images ⚽ **S. 33** © Shaun Botterill / Allsport / Getty Images ⚽ **S. 37** © Claudio Villa / Getty Images ⚽ **S. 38/39** © Bongarts / Getty Images ⚽ **S. 43** © Alex Grimm / Getty Images ⚽ **S. 45** © Joern Pollex / Bongarts / Getty Images ⚽ **S. 46/47** © Shaun Botterill / Allsport ⚽ **S. 48** © Michael Regan / Getty Images ⚽ **S. 51** © Michael Steele / Getty Images ⚽ **S. 55** © Robert Mora / Getty Images ⚽ **S. 56/57** © Alexander Hassenstein / Bongarts / Getty Images ⚽ **S. 61** © Gunnar Berning / Bongarts / Getty Images ⚽ **S. 66/67** © Alex Livesey / Allsport / Getty Images ⚽ **S. 70/71** © Bongarts / Getty Images ⚽ **S. 76/77** © Dean Mouhtaropoulos / Getty Images ⚽ **S. 78** © Marco Luzzani / Getty Images ⚽ **S. 80** © Michael Regan / Getty Images ⚽ **S. 84/85** © Justin Setterfield / Getty Images ⚽ **S. 86/87** © Laurence Griffiths / Getty Images ⚽ **S. 89** © Cattani / Fox Photos / Getty Images ⚽ **S. 90/91** © Steve Powell / Getty Images ⚽ **S. 94/95** © Jamie McDonald / Getty Images ⚽ **S. 96/97** © Hulton Archive / Getty Images ⚽ **S. 99** © Bongarts / Getty Images ⚽ **S. 101** © Bongarts / Getty Images ⚽ **S. 102** © Simon Hofmann / Bongarts / Getty Images ⚽ **S. 108** © Simon Bruty / Allsport ⚽ **S. 110** © Jasper Juinen / Getty Images ⚽ **S. 111** © Shaun Botterill / Allsport / Getty Images ⚽ **S. 112** © Andrew Medichini – Pool / Getty Images ⚽ **S. 113** © Andreas Rentz / Bongarts / Getty Images ⚽ **S. 115** © Bongarts / Getty Images ⚽ **S. 119** © Bongarts / Getty Images ⚽ **S. 121** © New Press / Getty Images ⚽ **S. 122** © Alexander Hassenstein / Bongarts / Getty Images ⚽ **S. 129** © Christof Koepsel / Bongarts / Getty Images ⚽ **S. 130** © Michael Steele / Getty Images ⚽ **S. 132** © Shaun Botterill / Getty Images ⚽ **S. 134** © Evening Standard / Getty Images ⚽ **S. 137** © Harriet Lander / Getty Images ⚽ **S. 138** © Staff / The People / Mirrorpix / Getty Images ⚽ **S. 144** © Bongarts / Getty Images ⚽ **S. 147** © Lutz Bongarts / Bongarts / Getty Images ⚽ **S. 150** © Johannes Simon / Getty Images ⚽ **S. 158** © Keystone / Hulton Archive / Getty Images ⚽ **S. 158** © Gary M. Prior / Getty Images ⚽ **S. 160** © Yasser Bakhsh / Getty Images ⚽ **S. 163** © Alexander Hassenstein / Getty Images ⚽ **S. 164** © Octavio Passos / Getty Images ⚽ **S. 167** © Matthias Hangst / Getty Images ⚽ **S. 168** © Francois Nel / Getty Images ⚽ **S. 170** © Mark Sandten / Bongarts / Getty Images ⚽ **S. 172** © Bongarts / Getty Images ⚽ **S. 174** © Andreas Rentz / Bongarts / Getty Images ⚽ **S. 177** © Bongarts / Getty Images ⚽

Wie gut kennen Sie die Welt von heute?

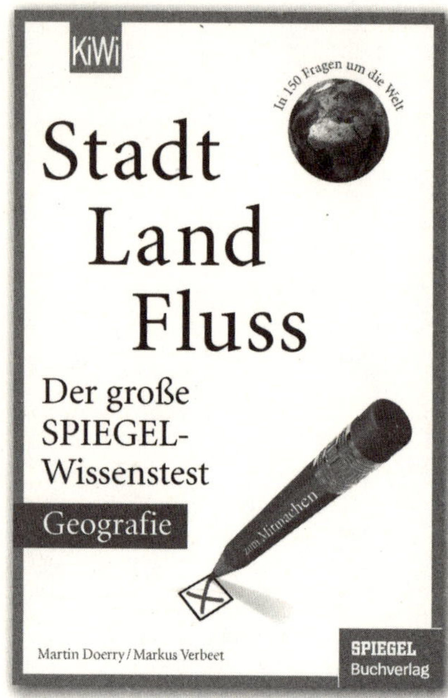

Im großen SPIEGEL-Wissenstest geht es diesmal um Städte, Länder und Flüsse – aber auch um Verkehrswege, um die Folgen des Klimawandels, um Bodenschätze und Reiseziele. Dieses Buch ist eine Reise um die Welt in 150 unterhaltsamen, spannenden und lehrreichen Fragen – kommen Sie mit?

Und als Bonus: drei exklusive SPIEGEL-Gespräche mit Linda Zervakis, Boris Herrmann und Rüdiger Nehberg.

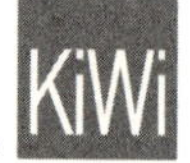